Alfredo Braga Furtado

Crônicas do Limiar de um Novo Ano

2019

Foto by Manoel Neto

Alfredo Braga Furtado

CRÔNICAS DO LIMIAR DE UM NOVO ANO

Belém-Pará-Brasil
Edição do Autor
2019

Copyright © 2019, Alfredo Braga Furtado
Direitos desta edição reservados a Alfredo Braga Furtado
Printed in Brazil/Impresso no Brasil

Projeto Gráfico: Alfredo Braga Furtado
Capa: Fernando Allan Delgado Furtado
Foto da capa: Manoel Neto
Editoração Eletrônica: Alfredo Braga Furtado
Revisão: Fernando Allan Delgado Furtado.

Furtado, Alfredo. 1955-
Crônicas do Limiar de um Novo Ano/Alfredo Braga Furtado. Belém: abfurtado.com.br, 2019, 158 p.
ISBN: 978-65-80325-10-8.
   1. Crônicas. 2. Percepções. 3. Casos. I. Título.
                                              CDD-869.8992

Alfredo Braga Furtado (foto by Cláudia Santo).

A RESPEITO DO AUTOR DESTA OBRA:

Alfredo Braga Furtado é doutor em Educação Matemática (Modelagem Matemática) pelo Instituto de Educação Matemática e Científica (IEMCI) da UFPA; possui mestrado em Informática pela PUC/RJ e especialização em Informática pela UFPA. É escritor, professor e palestrante. Áreas de interesse: Engenharia de Software, Educação Matemática, Gerência de Projetos, Empreendedorismo, Didática, Metodologia Científica, Literatura.

Aposentou-se como professor associado da Faculdade de Computação do Instituto de Ciências Exatas e Naturais da UFPA. Foi analista de sistemas da UFPA de 1976 a 1995. Foi professor da UFPA de 20/08/1978 a 21/02/2018.

Contatos: abf@ufpa.br, abf2000@uol.com.br, www.abfurtado.com.br.

A relação de obras do autor encontra-se nas últimas páginas do livro.

Para meu pai, Matheus (*in memoriam*)
Para minha mãe, Beatriz (*in memoriam*)
Para meus irmãos, Paulo, Matheus e Mariza
Para meus filhos, Alfredo André e Fernando Allan
Para ela.

Apresentação

Que se encontra neste livro? Resumidamente, posso dizer: pitadas de conhecimento, contextos dos quais se podem extrair conhecimento ou casos em que sobressaem situações engraçadas, com alguma perspectiva de conhecimento; ou ainda situações que me incomodaram em alguma medida, ou meros pensamentos, que eu não quis deixar sem registro.

É parte pequena do que compõe a vida de uma pessoa comum, alguns excertos do que vivi, vi, observei, e que considerei passível de registro por meio de uma nota concisa. Atribuí o título por ter começado a escrever no início de dezembro, com a intenção de levar a elaboração até o fim dos dois meses iniciais de 2019.

Vale o que escrevi em outros livros de crônicas: como os tópicos são selecionados, como os assuntos são tratados? Não há um padrão. A rigor, o único critério é me chamar atenção. Seja pelo humor presente, seja pelo inusitado, seja por propiciar algum aprendizado, seja por possibilitar crítica de comportamento, seja pelo inesperado de alguma atitude, seja pela ilogicidade de condutas. Pronto! É suficiente para eu levar ao computador para registro.

Reproduzo aspado a seguir o que escrevi em livros anteriores para explicar como as notas são redigidas.

"Procuro exercitar a concisão nos textos. É idiossincrasia do nosso tempo que as coisas sejam breves. Sigo este lema. Por isso, os casos são contados sem palavras desnecessárias. Eu até poderia prolongar aqui e ali, antes do desenlace. Mas não me concedo esta liberdade para cumprir o propósito da brevidade. Na escrita, fujo dos clichês, tento (não sei se consigo) pôr umas pitadas de literatura, buscando construções pouco usuais".

"Em grande parte das vezes eu apenas proponho uma situação, sem extrair conclusões. Para que o leitor perscrute o sentido da nota, e daí tire suas conclusões".

Selecionei algumas crônicas de obras anteriores, revisei-as e as juntei com as originais escritas especialmente para este livro de dezembro de 2.018 até fevereiro de 2.019.

Espero que haja algum proveito, algum deleite. Havendo um ou outro, ou ambos, terei minha paga. Maior que qualquer outra.

Belém, 20 de fevereiro de 2.019.

Alfredo Braga Furtado

SUMÁRIO

Missão em Portel/PA	11
Hoje a comida é caça	11
Perdendo o voo	12
Transporte em Portel	13
Por que a educação é tão ruim	13
O STF é uma vergonha?	15
Gestão de carreira: desleixo e autoboicote	17
Chácara em lugar ermo	18
Escultor?	19
Mulher feia	19
Exemplo de liderança	20
Momento de recuar	20
Ouvindo um pastor	21
Lei de Reed	22
Ideias rançosas	22
Utopia	23
Por que em dezembro e não no novo ano	24
Ter muitos amigos	24
Atrás de explicações para a queda	25
Praticidade americana	27
Aulas em Laranjal do Jari/AP	29
Mexer nas regras para ficar	30
Uma prova na escola	31
Abjeção em grau máximo	33
Suspeito foi preso	33
Lanterna na popa	34
Tipos recorrentes do escritor	41
Questões trabalhistas	43
Campo popular e antipopular	45
Do Facebook	47
Luxo particular	49
Que fazer com o Qualis/Capes?	49
Diferença entre milhão, bilhão e trilhão	50
Torres do Curuçambá e do Curió-Utinga	51
Reforços no futebol	51
Tipos da rede	51

"Não roubar e não deixar roubar"... 52
O poder da equipe... 53
Número de ministérios.. 54
Encontro com um pulha.. 55
Padrão Globo de qualidade.. 56
Walter Clark... 57
Sobrevivência de negócios.. 57
Lei das consequências não pretendidas.. 58
Jornalista biruta.. 60
Farinha amarela.. 60
Perspectiva a partir de Curitiba... 61
Maquiavel e a mudança.. 62
A questão da comunicação... 63
Olhando capas de livros de autoajuda... 66
Preço do descrédito.. 68
Minha abordagem de ensino para aprendizagem (I).................................. 68
Minha abordagem de ensino para aprendizagem (II)................................. 70
Minha abordagem de ensino para aprendizagem (III)................................ 73
Minha abordagem de ensino para aprendizagem (IV)................................. 74
Atendimento do cliente... 77
Só trabalho.. 77
Como reconhecer um calhorda.. 78
Caetano caetanando velosamente... 79
Aposta errada.. 81
Chegou a ministro da Educação.. 81
Estratégia para criatividade... 84
João Grosso.. 85
Orientação de jogo... 86
Troca de camisa.. 86
Governo mágico... 87
Preço do trabalho.. 88
Inutilidade.. 90
Piada pronta: general ou presidiário?.. 90
"Se liga".. 91
Constância implacável.. 91
Empresa Júnior em universidade pública... 93
O homem não é livre?... 95

Includente	102
Objetivo da existência	103
A praga da distração	104
Justiça a jato, só para alguns	104
Senado depurado	105
Que é uma startup?	106
Abuso de prerrogativa	110
A importância da visão de futuro	110
A respeito de doação de livros	120
Universidade para todos	121
Pensando em qualidade	123
Indo um pouco além do anúncio	126
Carudo e buchudo	127
E agora?	127
Quando vai parar?	128
Corregedor precisa de correção?	129
Matando passarinhos	129
Olhando passarinhos	130
Criando passarinhos	130
Dramaturgia e realidade	131
Doença de Alzheimer	131
Pedras portuguesas	138
O assunto ainda é calçada	138
Mirante do Rio	138
A respeito de poses	139
Gaiola de ouro	142
Em tempos de reforma previdenciária	142
Garoto mimado	143
Governo corrupto	144
Lógica dura	145
Insanidade geral	146
Sem noção	147
A novela da novela	147
Professor autor	149
Referências	**151**
Relação de obras do autor	**152**

MISSÃO EM PORTEL/PA

Recebi missão de uma amiga: ministrar curso em Portel. A viagem seria em monomotor; a descida em pista de terra em uma fazenda. Sentei-me ao lado do piloto; a impressão era de estar dentro de um fusca, como se tivesse vestido o aviãozinho. Não havia outro equipamento de segurança além do cinto. Se o único motor falhasse, não haveria como contar a história depois.

O pior da missão não era a forma de chegar lá na pequena aeronave. Era o assunto a abordar: gestão escolar. Falei para minha amiga: nunca trabalhei na educação básica; nunca dirigi uma escola, não tenho material preparado e o tempo é exíguo até iniciar. O professor indicado inicialmente teve problemas, e precisou cancelar sua participação; era professor residente em Minas Gerais.

Pedi tempo maior para preparar as aulas; ela remanejou disciplinas para atender ao pedido. Deu para ler uns três livros específicos de gestão escolar.

Assim, fui conhecer Portel, na ilha de Marajó.

A turma era constituída de professores do município; dois ou três, diretores de escola.

Na minha apresentação, falei qual era minha qualificação, e que tinha atuado profissionalmente o tempo todo no ensino superior. Ficou claro que eu não tinha experiência na área da disciplina que iria ministrar. A verdade é melhor do que qualquer outra coisa.

Passei incólume pela missão. Inclusive, no dia seguinte ao término das aulas, sem contratempo na viagem de retorno com o mesmo piloto do fusquinha aéreo.

HOJE A COMIDA É CAÇA

Na turma de trinta, quarenta estudantes há sempre alguns gaiatos. Soube que assumiria as aulas no curso realizado no interior, depois de mim, colega assumidamente homossexual, demonstrável claramente a começar pelo gestual e pela maneira de falar.

Enquanto esperava o voo para Belém, encontro um dos alunos gaiatos na rua. Ele me disse que seu colega foi duramente repreendido pelo professor na noite anterior, porque ficou dizendo, insistentemente, que "a comida de fulano (referindo-se a um colega de turma) naquela noite seria caça".

O professor tomou como algo para si (presumiu que ele seria a caça), e foi bastante ríspido, assertivo, firme com este aluno, dizendo-lhe que não toleraria este tipo de brincadeira. Dali até o fim, os gaiatos pararam de fazer seus comentários dúbios, direcionados supostamente a um colega de turma, mas cujo alvo indireto era o professor.

PERDENDO O VOO

Quem nunca perdeu? Eu já me meti em todo tipo de situação. A pior: fiz *checkin*, e fui para a sala de embarque; esgotado, dormi na cadeira; quando acordei, sobressaltado, o avião já estava na cabeceira da pista. Tive que comprar outra passagem.

Em outra ocasião, como viajava sempre em determinado horário, recebi o bilhete da empresa que me contratara para curso, e não atentei que tinha havido mudança de horário. No dia da viagem, no horário habitual em que tomava as providências de arrumação da mala, notei que o cupom de embarque marcava voo que já tinha saído de Belém há duas horas. Pior: para não falhar ao compromisso, afinal a empresa havia enviado com bastante antecedência a passagem, tive que comprar uma de última hora para chegar a tempo para a atividade programada. Tive que arcar com prejuízo correspondente a sete vezes o valor que a empresa havia pagado pela passagem. Descuido bem caro.

TRANSPORTE EM PORTEL

Chega-se a Portel de barco ou de avião de pequeno porte. Por isso, são raros os carros na cidade. Aparentemente, quem não tem bicicleta tem moto.

Imagine a concentração que ocorre na orla da baía de Portel; impressiona o visitante que não sejam frequentes os acidentes, pois a quantidade de motos e bicicletas é muito grande, e muitos portelenses pilotam sem obediência a mínimas regras de segurança.

POR QUE A EDUCAÇÃO É TÃO RUIM[1]

Depois de uma exposição que fiz hoje a respeito da Didática da Física, um aluno me perguntou a razão por que o nível da Educação é tão ruim no Brasil, quando se comparam os resultados obtidos pelos estudantes brasileiros com os de outros países da OCDE. Ele comentou que o Brasil tem feito investimentos comparáveis aos dos países desenvolvidos, mas os resultados continuam sendo semelhantes aos dos países em desenvolvimento (eufemismo usado para designar países com baixos índices de desenvolvimento).

Respondi que há vários fatores responsáveis pelos resultados ruins obtidos pelos estudantes brasileiros quando avaliados. Como toda questão complexa, muitas variáveis precisam ser identificadas e analisadas para se conseguir melhor solução.

Se o recurso aplicado é de mesma ordem ao de países desenvolvidos (em torno de 5% do PIB), então este não é o problema. O recurso é mal aplicado. Há o descaminho, a corrupção, responsável pela perda de parte deste recurso. A meu ver, outra questão relevante para que os resultados sejam tão ruins é a falha na gestão educacional. Sobretudo, quanto à questão da cobrança de resultados, seja de professores, de gestores, de profissionais envolvidos.

---

[1] Nota extraída de "Para Quem Gosta de Gerenciar", livro de crônicas relacionadas à área de gerência, lançado em 2018.

Os resultados referidos aqui são os índices de aprendizagem dos estudantes medidos pelos exames como o PISA.

Não se pode falar em meritocracia na educação brasileira (os sindicatos reagem furiosamente): o que prevalece é a ideia de que qualquer benefício seja estendido a todos os professores; não há aceitação de que sejam beneficiados os mais produtivos, os que comprovadamente apresentem resultados positivos em termos de aprendizagem dos estudantes.

Até algum tempo atrás não se aceitava falar em avaliação de qualidade na educação. Basta lembrar o que ocorreu quando o ministro Paulo Renato Souza (ministro da Educação durante o governo de FHC) criou o Enem (Exame Nacional do Ensino Médio) em 1.998, o Sistema de Avaliação da Educação Básica (Saeb) e o "provão", para avaliar cursos de nível superior, hoje chamado de Exame Nacional de Desempenho dos Estudantes (Enade).

Há a questão salarial, em especial na educação básica: os salários baixos desestimulam que os mais capacitados busquem tornar-se professores na educação básica.

Outro aspecto a considerar: acompanhamento das atividades escolares dos filhos pelos pais ou responsáveis, para garantir suporte necessário. Isto não acontece em muitas famílias.

A desigualdade social ainda grande no Brasil faz com que parcelas significativas da sociedade vivam ainda distantes do que seria um nível de vida aceitável, a despeito dos avanços havidos nesta área com a instituição de programas de assistência. Isto tem reflexos na educação dos filhos.

Outra questão relacionada à aplicação dos recursos: grande parte vai para o topo da pirâmide (para o ensino superior), quando deveria ir para a base. Ora, a prioridade certa seria a educação básica, e não o ensino superior.

Dois outros fatores são o descumprimento e a descontinuidade das metas estabelecidas. O trabalho com planejamento estratégico, com gestão eficiente e eficaz em todos os níveis da educação, levaria à melhoria dos resultados.

Nos estados, nos municípios, nas escolas em que os resultados são altamente positivos, o que há por trás? Gestão educacional efetiva, comprometimento do pessoal envolvido (professores, administradores, orientadores educacionais, pessoal de apoio), engajamento e acompanhamento das atividades escolares pela família dos estudantes.

Aqui a questão é por que se estabelecem prioridades: o recurso existente não dá para tudo; então, elegem-se as áreas mais importantes no momento; estas são as que devem receber maior parte dos recursos disponíveis.

Sintetizando: eliminação da corrupção que degrada as ações do poder público e que subtrai recursos necessários para concretização das medidas planejadas em benefício da sociedade, gestão estratégica para aperfeiçoamento das instituições, gestão educacional efetiva, valorização dos professores e demais profissionais envolvidos na educação, comprometimento de professores com a busca de melhores resultados, envolvimento da família nas ações da escola.

A atenção simultânea a este elenco de medidas seria um caminho para conquistar resultados melhores na educação, fazendo com o que o país se aproximasse do nível conseguido pelos países desenvolvidos.

O STF É UMA VERGONHA?

Um advogado, passageiro de mesmo voo de São Paulo para Brasília em 4/12/18, ao identificar o ministro Ricardo Lewandowski ao seu lado, disse que tinha vergonha do STF. Por isso, o ministro determinou que a Polícia Federal o prendesse.

Segundo análise feita para o jornal Estadão por César Dario Mariano da Silva, promotor de Justiça em São Paulo, não houve crime e, por isso, a voz de prisão dada pelo ministro em flagrante delito ou ameaça de fazê-lo foram atos arbitrários; caracterizam, portanto, abuso de autoridade. O cidadão tem direito de expressar seu pensamento livremente. Veja só! Segundo o promotor, o ministro errou.

José Nêumanne, jornalista, em seu comentário na Rádio Eldorado, lembrou que os outros passageiros do voo ficaram calados diante da atitude arbitrária do ministro. Não se ouviu nenhum pio também da OAB.

Lembremos a forma como Lewandowski chegou ao STF: segundo contam, a indicação partiu de D. Mariza Letícia. Durante o julgamento do mensalão, todos lembram o que fez o ministro para impedir a condenação dos envolvidos no processo e seus embates com o presidente do Supremo à época, ministro Joaquim Barbosa. E também o que fez no Senado, no julgamento do impeachment de Dilma Rousseff, coadjuvado pelo presidente do Senado, Renan Calheiros, quando, em incontestável desrespeito aos termos da Constituição de 1.988, aprovou o impedimento sem a perda dos direitos políticos da presidente. Mais recentemente, como membro da segunda turma do STF, Lewandowski, Gilmar Mendes e Dias Toffoli compõem o chamado "trio parada dura" (apelido atribuído por Nêumanne). As turmas do STF são compostas de cinco membros. Como os três defendem os mesmos princípios, garantem maioria na votação da turma; por isso, ela é chamada de "Jardim do Éden" por soltar tantos celerados. Se o processo for para eles, o gatuno já sabe que caiu no paraíso: se está preso, será solto; se está solto, vai continuar solto. A primeira turma vai em direção oposta; é chamada de "Câmara de gás" – sem chance para os facínoras.

Voltando a Lewandowski: que dizer de sua atuação no STF? Há algum brilho, ou é vergonhosa? Para mim, deplorável.

GESTÃO DE CARREIRA: DESLEIXO E AUTOBOICOTE[2]

Colega professor pede licença de sua instituição de ensino superior (IES) instalada em um dos municípios do Pará para fazer mestrado em Belém, na UFPA. É autorizado. Faz o curso. Porém, o período de licença é encerrado sem que a defesa da dissertação fosse realizada. Ele teve que reassumir sua função na instituição de origem sem a defesa.

Enfrentando dificuldades pelo acúmulo de aulas com a finalização da dissertação, mesmo assim a concluiu. A defesa do mestrado foi marcada em Belém. Fez a defesa, mas a ata emitida no fim da sessão apontava que havia ajustes a fazer no texto aprovado.

Sem dar atenção para o fechamento necessário para fazer jus ao título de mestre, ele conseguiu inscrever-se logo em seguida em doutorado fora do estado. Por essa época, amargou o peso de separação da mulher depois de bom tempo de união.

Conseguiu nova liberação da instituição, já incorporando a gratificação do mestrado na remuneração com a ata da defesa da dissertação que anexou à sua solicitação; a ata apontava concessão do título de mestre, mas a condicionava à entrega de exemplar do texto com os ajustes pedidos pela banca examinadora.

Enquanto ele fazia os créditos do doutorado na IES fora do estado, a coordenação do curso de mestrado em Belém passou a cobrar-lhe a entrega do texto final, com os ajustes pedidos pela banca. Por falha de comunicação, ou por desleixo do professor, a solicitação não foi atendida. Por consequência, ficou registrado no colegiado do curso a não concessão do título em decorrência de os requisitos não terem sido cumpridos (no caso, a entrega da dissertação).

Pronta a tese de doutorado para a defesa, a universidade requisita que ele apresente o título de mestre; ele havia apresentado

---

[2] Nota extraída de "Para Quem Gosta de Gerenciar", livro de crônicas relacionadas à área de gerência, lançado em 2018.

na inscrição do doutorado a ata que lhe havia sido entregue na defesa em Belém. A IES promotora do doutorado exigiu o diploma de mestre para marcar a defesa da tese.

Só então o professor vai atrás de pedir seu diploma. É informado que não fez jus ao título, pois não entregou o texto da dissertação em tempo hábil.

Por esse tempo, já sua própria instituição requeria que ele apresentasse o diploma de mestre, afinal já vinha recebendo a gratificação de mestre há anos, mas com esta pendência documental.

Como ele não atendia a cobrança feita pela pró-reitoria de pessoal, a procuradoria da instituição foi acionada para que o processasse por estelionato.

É possível que alguém se boicote de tal forma, a ponto de criar para si um problema insolúvel e que tem consequências graves (devolução de valores recebidos indevidamente, perda de tempo, possível processo de exoneração pelo conjunto das ações)?

Para explicar seu comportamento, ele recorreu à separação da mulher como algo que o deixou desorientado a tal ponto que fez com que ele se jogasse nas atividades do doutorado, e deixasse de lado a atenção à finalização do mestrado.

MORAL DA HISTÓRIA: Deve-se encerrar em definitivo uma etapa antes de começar a próxima; se foi possível dar o passo seguinte com algo por fazer para fechar o anterior, ficar atento e desdobrar-se até finalizar para, assim, poder concentrar-se na etapa em andamento com toda a força possível.

CHÁCARA EM LUGAR ERMO

Colega se aposenta, e busca lugar afastado para morar, em município próximo a Belém. Depois de algum tempo de procura, compra uma chácara distante de barulho, com a intenção de viver tranquilamente os últimos anos, de plantar alguma coisa, e de observar a natureza em toda a sua complexidade e, ao mesmo tempo, em toda a sua simplicidade.

O preço é de ocasião; quase nenhum reparo por fazer no imóvel, que fica em estrada vicinal e sem vizinhança próxima. Ele muda-se imediatamente para lá com a mulher.

Consegue desfrutar por três meses a vida tranquila imaginada, até receber a visita inoportuna de ladrões, que já chegam de caminhão para levar os pertences de maior valor da casa.

Aí, só então, ele se dá conta de não ter analisado direito a viabilidade de seu sonho por todos os ângulos. Em especial, quando confrontado com o atual estágio civilizatório do país.

ESCULTOR?

Lembro meu pai me dando material necessário para o trabalho de escultor na sua oficina de marceneiro que ficava no fundo do quintal. Mas vi logo que a arte de esculpir não me aprazia pela inabilidade combinada com o pouco interesse pessoal em praticar.

Em pouco tempo, ele percebeu que meu interesse maior era mesmo pelos estudos.

MULHER FEIA

Ele dizia que só gostava de mulher feia. Explicação para a escolha: tinha acumulado fracassos com mulher bonita, havia menor risco de perda, e a feia é sempre mais esforçada!

Perguntado qual a razão do fracasso com mulher bonita e a que esforço se referia da mulher feia, ele não quis dizer.

EXEMPLO DE LIDERANÇA[3]

Muito engraçada a foto do líder do MST (Movimento dos Trabalhadores Rurais Sem Terra), Pedro Stédile, sozinho, acomodado no salão VIP do aeroporto, esperando seu voo para Brasília, degustando algo, sem pressa, enquanto manuseia uns papéis. A viagem à capital federal é para a entrega do registro da candidatura do ex-presidente Lula ao TSE (Tribunal Superior Eleitoral).

Em evento anterior, prudentemente ficando de fora, ele havia designado alguns companheiros em nome do movimento para enfrentarem uma "greve de fome" em frente ao STF pela soltura do preso ilustre. Pela silhueta saliente da região abdominal do líder, vê-se que ele cuida bem da sua fome.

Voltando à viagem. Enquanto ele faz o percurso por via aérea, os liderados o fazem por via de superfície. A pé!

MORAL DA HISTÓRIA: Intitulei a nota por ironia. O que é relatado não é caso de liderança. Ao contrário. Diz o que não é. O líder tem que estar ao lado dos liderados. O líder tem compromissos com resultados. Ao que consta, não há resultados neste movimento. Os opositores dizem que não há um pé de couve plantado nos assentamentos. Não chego a tanto. O fato é que não há um caso de sucesso nos assentamentos. Não tenho ciência disso.

MOMENTO DE RECUAR

Admiro os gestores que são capazes de reconhecer erro em uma posição, admitem-no e recuam; pedem desculpas pela falha. Os administradores que toleram a crítica, que a avaliam e se reposicionam, quando é o caso. Os ocupantes de cargos na política precisam exercitar esta virtude.

---

[3] Nota extraída de "Para Quem Gosta de Gerenciar", livro de crônicas relacionadas à área de gerência, lançado em 2018.

Com frequência, vemos comportamento diferente na administração pública, nos órgãos dos governos, nas empresas particulares, na vida pessoal.

Ninguém inicia um projeto para dar errado, ninguém toma uma iniciativa para prejudicar-se e nem prejudicar outrem. Portanto, quando acontece, cabe recuar, reconhecer, mitigar ou eliminar os efeitos da falha, e seguir em frente.

OUVINDO UM PASTOR

Do nada, na pregação pelo rádio, ele encontra uma maneira de fustigar a Igreja Católica, e os católicos. De que forma? Com a crítica, reiterada com insistência pelos evangélicos, de que a Igreja de Roma adora imagens, de que tem Maria (a mãe de Jesus) como intercessora dos seus pedidos a Deus, o que eles não admitem (dizem que Jesus não tem intercessor).

E como o pastor fez isto sem transparecer que estava fazendo, sem citar manifestamente a Igreja de Cristo de 2018 anos? Com o pretexto de concitar o fiel a ter melhor resultados com suas orações, ele o fustiga da seguinte maneira:

– Você tem canal direto com Jesus, não precisa de intercessora para isso [aqui há um ponto: para a Igreja Católica, pode-se pedir a Maria; ela leva a Cristo, afinal foi escolhida para ser sua mãe; e aceitou esta escolha]. Pode recorrer a Jesus diretamente a hora que quiser. Você não é idólatra [este é o outro ponto: os evangélicos consideram que os católicos adoram imagens].

Está aí. O famoso dono desta igreja evangélica, adorador de dízimo, não mencionou, mas fez o que lhe agrada – criticar os dogmas de fé da Igreja Católica como forma de diminuí-la para conseguir mais fiéis.

LEI DE REED

Extraído da ed. 42 da revista digital **Crusoé** (15/2/2019) – de uma entrevista feita por Duda Teixeira com Lawrence W. Reed, economista americano, crítico da esquerda:

– O tempo que os socialistas levam para destruir uma economia depende da rapidez com que implementam o socialismo.

As duas notas seguintes foram trazidas para cá pelo fato de abordarem o mesmo assunto: o socialismo. E ambas citam o "princípio da contraindução" de Simonsen. Leia as duas notas a seguir; depois, avalie se minha conclusão é válida: a "Lei de Reed" apresentada acima é corolário do "princípio da contraindução". É preciso lembrar que corolário é uma "proposição que deriva, em um encadeamento dedutivo, de uma asserção precedente, produzindo um acréscimo de conhecimento por meio da explicitação de aspectos que, no enunciado anterior, se mantinham latentes ou obscuros"; "é uma verdade que decorre de outra, que é sua consequência necessária ou continuação natural" (Houaiss & Villlar, 2009, p. 553).

IDEIAS RANÇOSAS[4]

Lendo o ideário de um colega, fiquei horrorizado com o anacronismo. Ainda mais que ele tem qualificação, e se poderia ter expectativa mais favorável quanto às suas ideias.

Quanta leitura perdida! Quanta falta de reflexão ou então quanta inutilidade do resultado decorrente! Quanta falta de cognição correta!

Eu o situei, pelas ideias defendidas, como um ser em conflito com o presente, vivendo com valores ali do fim do século XIX ou das primeiras décadas do século XX, se tanto.

---

[4] Nota extraída de "Outros Casos e Percepções", livro de crônicas publicado em 2018.

Claro: o pensar é livre; livre-pensar é só pensar, no dizer de Milôr Fernandes (1923-2012, intelectual brasileiro). É certo que se eu lhe expusesse meu ideário, ele também ficasse igualmente horrorizado. Só que eu tenho a História do meu lado para atestar que, ideia posta em prática e que não funcionou por várias vezes, deve ser rejeitada. Por que vou insistir com ela?

Francis Bacon (filósofo inglês, 1561-1626) formulou o "princípio da indução", base da Ciência Moderna. Por ele, se uma experiência leva aos mesmos resultados num grande número de repetições, é altamente provável que ela continue dando o mesmo resultado no próximo experimento.

Com base no que Bacon propôs, Mário Henrique Simonsen (1935-1997, ex-ministro dos Governos Geisel e Figueiredo) formulou "o princípio da contraindução", segundo o qual "uma experiência que dá errado várias vezes deve ser repetida até que dê certo".

Só que Simonsen, com seu princípio, queria mesmo era ridicularizar os economistas heterodoxos. Quem não considera este princípio uma piada inteligente, e não ri com ele?

UTOPIA[5]

A propósito do "princípio da contraindução" de Simonsen, comentado em nota anterior, lembrei entrevista de Luciana Genro, socialista convicta. O entrevistador lhe perguntou sobre os males do socialismo, referindo a situação de Cuba e da Venezuela, governos que ela disse que apoiava convictamente. O jornalista insistiu que o povo destes países vive em situação de penúria, com fila para comprar produtos básicos, sem liberdade, em verdadeiro regime ditatorial. Como ela poderia defender tal regime? Onde ela poderia apontar um caso de sucesso do socialismo? O jornalista pediu que apontasse um só, não precisaria citar dois. Ela se rendeu; respondeu que

---

[5] Idem

não poderia apontar, pois nunca houve e nem há. Ela falou que socialismo é uma utopia. Mas era conveniente insistir com a construção desta utopia.

Mais uma pessoa no rol das adeptas do "princípio da contraindução".

POR QUE EM DEZEMBRO E NÃO NO NOVO ANO

A propósito do lançamento dos quatro livros que fiz ontem (16/12/2018), um amigo comentou se não seria melhor deixar para o novo ano. Eu respondi que tinha aprendido a não adiar nada para amanhã se posso fazer hoje. Só adiaria se não tivesse, por alguma razão, tido condições de concluir. Não foi o caso.

Tenho agido assim desde que completei 50 anos. Já escrevi isto em uma nota em livro passado. Repito aqui em poucas palavras. A decisão tomada aos 50: com esta idade, eu já tinha vivido mais do que ainda tinha pela frente. Então, defini o lema de não mais adiar nada que tenha para fazer. Venho agindo assim nos últimos treze anos.

Por isso, não aceitei a ponderação do amigo.

Para 2019, quero novos projetos e novos desafios!

No folder em anexo meu mosaico de 2018 ficou completo: doze livros lançados ao todo – cinco em julho/18, três em outubro/18 e os quatro desta segunda-feira (17/12/2018).

TER MUITOS AMIGOS[6]

No tratado intitulado "Acerca do número excessivo de amigos", Plutarco (historiador e filósofo grego, 46 d.C. -120 d.C.) vê como negativo dispor de número grande de amigos. Suas razões para semelhante avaliação? Quem pensa em desdobrar-se em atendimentos

---
[6] Nota extraída de "Para Quem Gosta de Gerenciar", livro de crônicas relacionadas à área de gerência, lançado em 2018.

das demandas de tantos amigos não conseguirá manter relacionamento genuíno de amizade; a superficialidade vai prevalecer. Segundo Plutarco, serão relações irrelevantes, superficiais – que nada têm de amizade.

Plutarco diz que, em caso de possível desventura por que passe a pessoa com grande círculo de amigos, ela vai perceber que, no fim, não tem com quem contar pela fragilidade dos laços: escassas pessoas se sentirão comprometidas com ela no seu infortúnio; é como se houvesse debandada dos que constam da lista de pretensos amigos, por não se sentirem suficientemente envolvidos.

As relações das redes sociais têm este caráter – superficialidade, nenhum compromisso entre as partes. Nada justifica chamar de amigo alguém com quem você não convive na vida real, e o faz somente no plano abstrato das redes sociais. Falta palavra ainda para esta condição, pois "amigo" não é.

ATRÁS DE EXPLICAÇÕES PARA A QUEDA[7]

Fui encontrar em uma obra de Plutarco (historiador e filósofo grego, 46 d.C. -120 d.C.) os elementos para compreender como o ex-presidente Lula, de líder metalúrgico incontestado, criador de um partido político (Partido dos Trabalhadores), tendo alcançado o ápice com o cargo de presidente da República, teve a queda que o levou à cadeia por corrupção e lavagem de dinheiro, mentor do maior esquema de corrupção do mundo (o petrolão) e também do mensalão (apesar de não ter sido condenado neste último).

Sua condição de semianalfabeto exigia que o corpo de assessores fosse capaz, e estivesse sempre por perto para evitar alguma tomada de decisão precipitada, errada. Márcio Thomaz Bastos, criminalista, seu advogado desde a época do sindicato, fez este papel

---
[7] Nota extraída de "Para Quem Gosta de Gerenciar", livro de crônicas relacionadas à área de gerência, lançado em 2018.

mesmo no governo, quando ocupou o cargo de Ministro da Justiça (2003-2007).

Por exemplo, foi Bastos quem demoveu o presidente de deportar o jornalista Larry Rohter, correspondente do jornal americano "The New York Times", por ter escrito artigo em que dizia que o excesso de álcool estava afetando o trabalho de Lula; Rohter comparou o hábito do ex-presidente de "tomar bebidas fortes" com o de outro ex-presidente, Jânio Quadros (1917-1991).

Na ocasião, cogitou-se a deportação do jornalista. Bastos convenceu o ex-presidente de que a ação não tinha amparo constitucional.

Ao deslumbramento com o cargo mais importante do país, somou-se o que costuma acontecer com alguém que atinge posição de destaque: o enxame de bajuladores de toda natureza, mesmo aqueles que tinham o dever de agir de modo diferente. Era o caso do Ministro das Relações Exteriores à época, Celso Amorim, diplomata de carreira, que, segundo o jornalista Elio Gaspari, se referia ao presidente como "Nosso Guia".

Não se poderia esperar que Lula se prevenisse quanto aos bajuladores com o tratado de Plutarco, cujo título é "Como distinguir um adulador de um amigo" – ele, reconhecidamente, pouco afeito à leitura (por lhe "causar azia").

Plutarco reconhecia a perniciosidade da figura do amigo que se traveste de adulador. Porém, ele também não via inocência na vítima do adulador (claro, é o adulado), ao não perceber os sinais da adulação para rechaçá-la, devido à fraqueza de caráter e à falta de virtude.

A nocividade do adulador aflora. Segundo Plutarco, ele está sempre pronto para realçar a fragilidade de caráter do adulado. De que forma ele faz isto? Não contrariando o adulado, não o alertando de perigos iminentes, de descuidos, de negligências ou de malfeitos que possa ter cometido, venha perpetrando ou pretenda levar a efeito.

Para não contrariar o amigo, o adulador acaba por anular as características mais valiosas da amizade – a alteridade (a visão de outra perspectiva – no caso, a visão do amigo) e a consciência respectiva.

O amigo agiria de maneira diferente: sua lealdade não permitiria o tolhimento de expor seu olhar crítico, por mais que trouxesse contrariedade. A amizade pressupõe lealdade, mas não admite servilismo; havendo subserviência, está aberto o caminho para a adulação.

Segundo Plutarco, o adulador ainda leva ao seguinte perigo: como ele tudo faz para agradar, e luta pela ocupação de espaços perante o adulado, leva a que os verdadeiros amigos – que poderiam protegê-lo – se afastem, incomodados.

MORAL DA HISTÓRIA: Os ensinamentos de Plutarco são úteis para quem ocupa posição de destaque, e vê-se cercado em consequência por pessoas que se aproximam como amigas, mas são meros aduladores.

PRATICIDADE AMERICANA

Depois de visita aos Estados Unidos, colega conta que ficou admirado pela praticidade da vida americana. Os supermercados são abarrotados de produtos alimentícios de todo tipo, comidas prontas, semiprontas.

Para almoçar ou jantar, o americano não se aperta: é só pegar algum enlatado, uma garrafa com o molho preferido, em poucos minutos a comida (até deliciosa) está pronta para ser servida.

Elogiável a praticidade, mas é saudável? Há um preço a pagar por essa praticidade.

Há nutrólogos que dizem que existe diferença entre alimento e produto alimentício. O produto alimentício (de que estão repletas as gôndolas dos supermercados) é o que teve algum processamento industrial com adição de conservantes para garantir a permanência por seis meses, um ano, dois anos na prateleira. Já o alimento não passa por processo industrial, não contém substâncias conservantes, o valor nutritivo é mantido por poucos dias, e se não for consumido logo deve ser descartado.

Voltando à praticidade americana: os "fast foods" são exemplo. As empresas do ramo disputam quem entrega o produto para consumo pelo cliente em menor tempo depois do pedido. Chega a ser comido em pé, pois não está em questão apreciar o sabor do que se ingere. Não há tempo para isso. Aliás, o que conta é o tamanho do *fast food* e a quantidade de calorias: tudo para ser ingerido no menor tempo possível. Para que servem mesmo as papilas gustativas? Podem ficar inoperantes, não há problema.

Há um preço a pagar por essa praticidade, certo? Que é mais saudável: o extrato de tomate feito em casa pela "mamma" italiana ou aquele que foi produzido para ficar até dois anos na gôndola?

E este preço de certa forma, no caso americano, dá para perceber pela unidade de peso apropriada para grande parcela dos americanos de meia idade, múltipla do quilo. Refiro-me à arroba – medida de peso da época do Império, e que corresponde a 14,7 Kg. Já comentei isto em nota: impacta a quantidade de obesos que encontramos nas ruas americanas.

Nas minhas viagens aos Estados Unidos, até aderi ao modelo americano, mas louco para voltar à minha dieta de caboclo dócil, tomador de açaí, natural de Icoaraci, distrito de Belém.

Observando a vida americana, a praticidade que acho elogiável é a relacionada à produtividade: seja a capacidade de simplificar processos, seja a produção de ferramentas apropriadas para todo tipo de serviço manual, o que reduz a insalubridade, o esforço físico exigido e o tempo de execução das tarefas.

Quanto à praticidade que se leva à mesa, estou mais com os europeus que prezam os produtos feitos artesanalmente. Quem quiser que fique com seus "fast and junk foods".

AULAS EM LARANJAL DO JARI/AP

Missão a cumprir em município do sul do estado do Amapá, 275 Km da capital, aulas em curso de pós-graduação lato sensu, viagem de ônibus, saindo de Macapá. Até a metade da distância, pista asfaltada; daí em diante piçarra encharcada; percebia-se que o ônibus deslizava na pista molhada e lisa; várias pontes de madeira em más condições no trajeto.

Fiz a viagem à tarde. Imaginei o que outros professores enfrentariam por ter que viajar à noite: pista estreita, mão dupla, sem acostamento, a travessia de pontes com duas vigas de madeira e sem iluminação, salvo os faróis do ônibus.

Ao ser recebido em Laranjal, compreendi o reconhecimento dos professores que fizeram parte da turma: o agradecimento especial por fazer a oferta de curso lá, superando as dificuldades da distância e das condições de viagem.

A turma era formada por professores do ensino fundamental e médio do município.

Um dos alunos do curso, professor do município e membro da Academia de Letras de Laranjal do Jari, ao saber que eu próprio imprimia meus livros na gráfica da UFPA, solicitou minha interferência para editar uma obra. O que foi feito como resultado da viagem.

Da margem do Rio Jari em Laranjal do Jari avista-se Monte Dourado, distrito do município de Almeirim, estado do Pará.

MEXER NAS REGRAS PARA FICAR

Já vimos isto até na presidência da República: o poder inebria. Quem chega lá não quer sair. Seja a direção de um sindicato, seja um clube esportivo, seja a direção de uma entidade de classe, como a FIESP. Os regimentos devem ser rigorosos para evitar que alguém fique mais de um mandato na presidência, e que haja mudança nas cláusulas relacionadas ao número de anos do mandato, e que não haja possibilidade de reeleição em nenhuma hipótese.

No caso da presidência do país, mudou-se a Constituição para que Fernando Henrique Cardoso ficasse mais um mandato. Todos lembram um compadre do ex-presidente Lula, deputado federal, que tinha um projeto neste sentido para favorecê-lo. Mas o bom senso prevaleceu, e não chegou a ser votado.

Os que permanecem no cargo por mandatos seguidos, o que fazem? Providenciam a mudança do regimento. O desejo é um só: ficar, ir ficando. O melhor que pode ocorrer com um país, com um estado, com um município, com uma repartição é a mudança. No caso das administrações a serem ocupadas por eleitos, é bom que haja rotatividade de partidos no poder. Uma coisa é necessária quando ocorre mudança: que haja continuidade de projetos, algum nível de gestão de conhecimento, de forma que as metas da gestão anterior não sejam abandonadas pela nova.

O índio, ex-líder sindical cocalero, presidente da Bolívia, Evo Morales, quer mais um mandato. Foi eleito presidente nas eleições de 2005, tendo assumido em 02/01/2006. Foi reeleito em 06/12/2009. E de referendo revogatório em referendo vem sendo mantido no cargo até hoje.

Vejamos quando a Bolívia consegue desvencilhar-se dele para arejamento da administração do país.

UMA PROVA NA ESCOLA

Circulando no Facebook prova presumivelmente respondida por um estudante. É postagem para rir. Não dá para se conter com as respostas dadas às questões.

Entrando na brincadeira, comento as perguntas e as respostas dadas a seguir. A prova contém questões que exigem que o aluno tenha memorizado os assuntos para sair-se bem. Ou seja, do ponto de vista do que recomendam as técnicas de avaliação de aprendizagem hoje é uma prova inapropriada.

Pelo visto o presumido estudante não memorizou nada, mas não deixa de responder as questões recorrendo à lógica.

Pergunta 1: Em qual guerra Napoleão morreu?
Resposta engraçada dada pelo estudante: "na última que ele lutou".

A resposta apresenta sua lógica. Sendo verdade que Napoleão morreu em guerra, então a última é a que levou à sua morte. Ocorre que Napoleão Bonaparte não morreu em guerra. A pergunta induz o estudante ao erro. Morreu na Ilha de Santa Helena (distrito de Longwood), território ultramarino britânico, situado no Oceano Atlântico Sul no dia 5/5/1821. Ele havia sido deportado para lá em 1815. A causa da morte foi úlcera gástrica, decorrente de má dieta ou ansiedade. A capital de Santa Helena é Jamestown. Santa Helena tem governo autônomo e constituição própria.

Portanto, a pergunta contém uma cilada para o estudante. A prova em si pode ser mais uma brincadeira, dessas que circulam na internet, com a qual se percebe que o próprio formulador não conhece a História ou queria induzir ao erro o respondente. A julgar que a prova seja verdadeira, vê-se que o estudante caiu na cilada do elaborador. Mesmo assim, ele dá uma resposta logicamente correta se a pergunta contivesse um fato verdadeiro.

Pergunta 2: Onde foi assinado o Tratado de Tordesilhas?

Resposta: no final da folha.

Certamente o tratado deve ter recebido as assinaturas no fim da sua última folha. A resposta sugere que há uma folha só.

Os tratados recebem o nome da cidade onde foram assinados. O Tratado de Tordesilhas, assinado entre Portugal e Castela, foi assinado no dia 7/6/1494, no povoado de Tordesilhas, em Castela (parte da atual Espanha). O tratado determinava limites dos territórios pelas duas potências marítimas da época (Castela e Portugal).

Pergunta 3: Em qual estado corre o Rio São Francisco?
Resposta: líquido.

Reforçando que se trata de uma brincadeira, a pergunta contém erro de formulação. Presume-se que a pergunta seja em que estado da federação fica o rio São Francisco. O rio São Francisco, popularmente conhecido por "Velho Chico", nasce na Serra da Canastra (Minas Gerais). Possui uma extensão de 2.863 quilômetros e atravessa os estados de Minas Gerais, Bahia, Pernambuco, Sergipe e Alagoas.

Pergunta 4: Qual a principal razão do divórcio?
Resposta: o casamento.

Comentário: realmente, sem casamento não há possibilidade de divórcio.

Pergunta 5: Qual o principal motivo dos erros?

Resposta: as provas.

Comentário: é o mesmo que culpar o termômetro pela febre percebida que o indivíduo tem.

Pergunta 6: O que nunca come no café-da-manhã?
Resposta: almoço e janta.

Comentário: sem comentários.

Pergunta 7: O que parece a metade de uma maçã?

Resposta: com a outra metade.

Pergunta 8: Se você jogar uma pedra vermelha em um lago azul, como ela fica?
Resposta: molhada.
Comentário: é a resposta mais objetiva. A intenção talvez tenha sido saber se ela mudaria de cor. A saber: a mistura de tinta vermelha com tinta azul dá roxo.

ABJEÇÃO EM GRAU MÁXIMO

Vejo aqui na JP News de 4/1/2.019: mulher em estado vegetativo há 14 anos dá à luz no fim de dezembro de 2.018 na clínica (onde vive), no Arizona, Estados Unidos. A polícia local investiga o estupro. Sordidez próxima à necrofilia.

Cadeira elétrica para o criminoso? Injeção letal? Câmara de gás? Enforcamento? Fuzilamento? Não seria pouco?

A injeção letal é o método mais utilizado entre os 36 estados americanos que permitem a pena de morte. A cadeira elétrica deixou de ser usada porque a Suprema Corte declarou que o método é inconstitucional. Houve casos da aplicação em que o condenado não morreu após ter recebido o choque, causando-lhe sofrimento enorme. A tendência mundial é pela abolição da pena de morte.

Para o caso em questão que sugere o leitor que se faça quando descoberto o criminoso?

SUSPEITO FOI PRESO

Hoje, 23/1/2.019, foi preso um enfermeiro da clínica suspeito pelo estupro.

A polícia do Arizona informou que os exames de DNA dos funcionários da clínica ajudaram a encontrar uma compatibilidade entre o acusado e o bebê.

LANTERNA NA POPA[8]

Esta nota é para comentar o livro de memórias de Roberto Campos. "*A Lanterna na Popa: Memórias*". Rio de Janeiro: Topbooks, 1.994, 1.417p. Momento de voltar a um prazer tido em primeira mão há mais de vinte anos: renovado nestes últimos dias para a redação desta nota. Eu trago o extrato que escrevi a respeito da obra para cá porque as existências profícuas, vividas inteligentemente, plenas de sabedoria, como a de Roberto Campos, enriquecem o repertório do gerente, gira ele o que gerir.

A espessura da obra justifica associá-la a um tijolo: são 1.417 páginas. No caso, me refiro a tijolo de cinco furos, bem grande. Depois da leitura do livro, eu o tenho utilizado como tal: em meu escritório, ele serve de sustentação para uma estante com as obras que estão na fila para serem lidas.

Jamais eu diria sobre o livro de Roberto Campos o que um leitor postou em uma livraria digital com sua impressão a respeito do livro de "Inteligência Artificial" de Russell & Norvig, clássico na área (1.152p), alertando potenciais interessados: a única utilidade é servir como âncora.

Pela obra, tem-se a essência da pessoa, tem-se sua estirpe. É o que se depreende da leitura do livro de Roberto Campos (1.917-2.001), economista, escritor, professor, diplomata e político brasileiro. Ele criou o BNDE (atual BNDES), o FGTS, o Sistema Financeiro da Habitação.

Grande defensor do liberalismo e da economia de mercado. Foi confidente e interlocutor de grandes líderes do mundo: John F. Kennedy (ex-presidente dos Estados Unidos), Charles De Gaulle (ex-primeiro-ministro da França), Richard Nixon (ex-presidente dos

---

[8] Nota extraída de "Para Quem Gosta de Gerenciar", livro de crônicas relacionadas à área de gerência, publicado em 2018.

Estados Unidos), Konrad Adenauer (ex-chanceler da Alemanha), Margaret Thatcher (ex-primeiro-ministro do Reino Unido).

No fim do prefácio de sua obra, Campos escreveu o que pode ser uma síntese do Brasil, com a qual concordo:

– *"Há países naturalmente pobres mas vocacionalmente ricos. Há outros que têm riquezas naturais porém parecem ter vocação de pobreza. Às vezes fico pensando, com melancolia, que talvez estejamos neste último caso. Não nos faltam recursos naturais. Mas sua mobilização exige abandonarmos nossa grave e renitente tradição inflacionária, e um grau maior de abertura internacional. Nossa pobreza não pode ser vista como uma imposição da fatalidade. Parece antes uma pobreza consentida, resultante de mau gerenciamento e negligência na formação do capital humano".*

Roberto Campos distribuiu as mais de 1.400 páginas de seu livro de memórias em vinte capítulos, como listado abaixo com breve comentário:

1) "O analfabeto erudito e suas peripécias". Com este título, ele refere a si e aos episódios que vivenciou logo depois da desistência do seminário, buscando outro rumo para a vida. O analfabeto erudito era por conta de seus estudos seminarísticos não serem reconhecidos oficialmente. "Achava-me assim na situação de erudito informal e analfabeto legal". A carreira religiosa tinha ficado para trás. O ex-seminarista parte para a vida. Ano de 1.938. Auge da repressão do governo Vargas.

2) "Washington na II Guerra Mundial".

Campos subdivide o segundo capítulo em nove partes:

a) *O dia da libertação* (em que conta a designação para servir na embaixada em Washington com três colegas de turma do Itamaraty; foi indicado para o setor comercial, apelidado de "secos e molhados" por trabalhar essencialmente com importação e exportação de produtos);

b) *Economista sob protesto* (ele passou das letras clássicas ao estudo de economia à noite, pelas exigências do trabalho no setor de "secos e molhados"; cursou em Washington e em Nova York depois do trabalho diário na embaixada);

c) *As controvérsias de Washington*: Campos afirma que o panorama intelectual, do ponto de vista econômico, era fascinante. Os Estados Unidos saíram de recaída recessiva em 1.937/38, para se aproximar de pleno emprego, motivado pelos investimentos bélicos.

Ainda permanecia a controvérsia motivada pela última recessão – quem deveria prevalecer: os gastadores, os fiscalistas e os estruturalistas? Os gastadores advogavam expansão monetária, por meio de obras públicas, assistência social e déficits fiscais para combater a recessão. Este grupo era representado pelo governador do Federal Reserve Board, Mariner Eccles, contrariando comportamento diferente esperado dos Bancos Centrais, que é a restrição de gastos. O secretário do Tesouro, Henry Morgenthau, era o grande fiscalista, defendendo a tese do equilíbrio orçamentário. Os estruturalistas eram representados por Rexford Tugwell, Gardner Means e Adolph Berle, advogavam planejamento econômico, controles e ação antitruste.

d) *Estreia na diplomacia econômica*: deu-se na segunda conferência da FAO – Organização de Alimentação e Agricultura, em Atlantic City.

e) *A conferência de Bretton Woods*: Campos participou da conferência, a despeito de ser terceiro-secretário de embaixada, realizada em New Hampshire, de 1º a 22 de julho de 1.944, com a participação de representantes de 44 países; a delegação mais brilhante, segundo Campos, era a da Inglaterra: o chairman era Lord Keynes, famoso pelo livro clássico, intitulado "A teoria geral do emprego, juros e moeda".

Ao longo de todo o livro, Roberto Campos conta piadas ou episódios engraçados ocorridos nos eventos de que participou. A respeito de Bretton Woods, ele conta que a conferência foi realizada em hotel bucólico no vilarejo, situado nas montanhas de New Hampshire. O único participante a quem foi permitido levar a esposa foi Keynes, a bailarina russa Lydia Lopokova. Os demais participantes foram forçados à vida celibatária durante as três semanas do evento. A piada contada por Campos: esta organização da forma como se deu foi truque diabólico do presidente da delegação americana, o secretário do Tesouro, Henry Morgenthau, porque, depois de três semanas de fome sexual, os delegados assinariam qualquer documento para escapar logo da castidade. Segundo Campos, a castidade era compulsória pelas seguintes razões: havia racionamento de gasolina, os delegados foram de trem para Bretton Woods, e não tinham forma privada de se locomover para lugares mais alegres. Para finalizar, ele complementa: como Lord Keynes tinha reputação de homossexual, provavelmente Lopokova não interferiu para impedir o completo celibato da operação.

f) *De volta à rotina*: com o término da Conferência de Bretton Woods, depois de rápida viagem ao Canadá, em companhia da mulher, Campos volta a Washington para "a infernal rotina da embaixada".

g) *Uma vacinação de realismo*: a vacinação, referida por Campos, é a constatação de que a economia brasileira paralisaria sem os fornecimentos americanos; sua "experiência de mendicância nos departamentos de Washington" atrás de licença de produção e exportação de suprimentos atestava a dependência brasileira em relação a suprimentos externos.

h) *Interlúdio acadêmico*: Campos conta que estudou economia na Universidade George Washington, curso noturno, e fez a preparação de sua dissertação de mestrado em serões na biblioteca do Congresso. O título do trabalho: "Some inferences concerning the propagation of international fluctuations". No texto, ele examinou "mecanismos de propagação de ciclos de conjuntura", tanto no campo financeiro (por meio de variações das taxas de câmbio, taxas de juros e movimentos internacionais de capitais), quanto no campo comercial (por meio de flutuações expansivas ou recessivas no comércio de mercadorias). A dissertação foi aprovada *summa cum laude* (expressão latina que significa com o reconhecimento máximo, com a maior das honras).

Ele conta que no dia 12 de abril de 1.945 estava no corredor do hospital, hipertenso, aguardando a conclusão do trabalho de parto de seu segundo filho, quando uma das enfermeiras, lacrimejante, lhe disse que tinha acontecido uma coisa terrível. O presidente Roosevelt tinha acabado de falecer. Campos reagiu, instintivamente, supondo que a mulher e a criança tivessem morrido:

– Ah, que alívio!

Ele concluiu assim: "as tragédias universais não concorrem com as tragédias domésticas".

i) *O espectador engajado*: Campos relata que foi espectador interessado da cena mundial durante a II Guerra Mundial, pela imprensa, pelo rádio e pelo cinema; ainda não havia televisão na época. Ele conta os antecedentes da conferência de cúpula de Yalta (fevereiro de 1.945).

Campos conta que um dos assuntos da conferência foi o *welfare state* (estado assistencialista). Bismark, chanceler alemão, já tinha projetado um sistema assistencial para seu país em fins do século passado. A origem do programa de segurity social do trabalhismo inglês foi um relatório escrito por William Beveridge ("Relatório Beveridge"), de novembro de 1.942.

Piada contada por Campos: depois do jantar, degustando o conhaque de sobremesa, no palácio Livadia, em Yalta, Churchill (primeiro-ministro inglês), Roosevelt (presidente americano) e Stálin (primeiro-ministro da União Soviética) conversavam sobre welfare state.

Churchill disse que detestava os trabalhistas de seu país, mas tinha que reconhecer que a Inglaterra, por influência do *Labour Party*, tinha implantado o *welfare state*, com o qual os homens eram protegidos "from the cradle to the grave" (do berço ao túmulo).

Roosevelt retrucou que nos Estados Unidos, injustamente acusados de individualismo, o sistema de assistência tinha avançado ainda mais, pois a proteção se estendia "from the womb to the tomb" (do ventre ao túmulo).

Stálin, com acento de ironia, redarguiu que os países capitalistas jamais conseguiriam rivalizar com os soviéticos no quesito prestação de serviços sociais, pois a proteção se estendia "from the erection to the ressurrection" (da ereção à ressurreição).

Dizem que, mais tarde, Chiang-kai-chek (presidente da República da China), inquirido a respeito do assunto, disse que o sistema a ser exaltado era o que se planejava implantar na China, com o qual a proteção iria "from the sperm to the worm" (do esperma ao verme).

Espirituoso, Roberto Campos entremeou seu livro de memórias com anedotas como esta.

Em seguida, os demais capítulos do livro são listados sem comentários – o propósito de mostrar a riqueza de fatos presenciados por Campos, com relatos das pessoas influentes envolvidas, foi atingido, e o leitor pode ter despertado seu interesse de transpor as 1.417 páginas com a leitura da obra: 3) "Nos primórdios da ONU"; 4)

"Voltando à origem"; 5) "Primeiras experiências de planejamento"; 6) "A criação do Banco Nacional do Desenvolvimento Econômico (BNDE)"; 7) "Interlúdio na Califórnia"; 8) "O chapéu e a bengala"; 9) "Os anos de Juscelino"; 10) "Minhas experiências com Jânio Quadros"; 11) "Missão junto à Casa Branca"; 12) "O governo Castello Branco"; 13) "O grande desencontro"; 14) "Vinhetas da minha paisagem"; 15) "O diplomata herege"; 16) "Do outro lado da cerca"; 17) "Missão junto à corte de Saint James"; 18) "Os grandes homens que conheci"; 19) "Tornando-me um policrata"; 20) "Epílogo".

Comentário de Roberto Campos a respeito dos economistas com quem trabalhou:

– "Na minha juventude e nos anos maduros os economistas com quem mais convivi foram Eugênio Gudin, o pioneiro e o mais sábio; Octávio Gouveia de Bulhões, o mais criativo; Mário Henrique Simonsen, o de melhor instrumentação técnica; Delfim Netto, o de maior intuição política. Eu fui apenas o mais teimoso. Deles aprendi lições e com eles partilhei frustrações".

A autocrítica de seu trabalho:

– "Se tivesse de fazer uma autocrítica à luz das histórias que contei, diria que fui antes um pregador de ideias do que um operador eficaz, melhor na formulação que na articulação de políticas – possuído talvez demais da ´índole da controvérsia´, e, de menos, da ´capacidade de acomodação´ necessária ao exercício do poder".

Roberto Campos era irônico, mordaz (mais para cáustico), inteligente, crítico preciso nos seus comentários. Impiedoso com os regimes socialistas e com os que se opunham ao liberalismo. Pela forte ligação que tinha com os Estados Unidos, os adeptos da esquerda o apelidavam de "Bob Fields". Observem a mordacidade e a precisão com que definiu o PT:

– *"O PT é um partido de trabalhadores que não trabalham, estudantes que não estudam e intelectuais que não pensam".*

A respeito das esquerdas, ele disse:

– *"Nossas esquerdas não gostam dos pobres. Gostam mesmo é dos funcionários públicos. São estes que, gozando de estabilidade, fazem greves, votam no Lula, pagam contribuição para a CUT. Os pobres não fazem nada disso. São uns chatos".*

Vejam o que disse Campos de artistas e intelectuais, amantes da Lei Rouanet (de incentivo à cultura) e de caviar de boa procedência (pois não abrem mão que as ovas do esturjão selvagem sejam do Mar Cáspio, como preconizam a Rússia, o Irã, o Azerbaijão e o Cazaquistão, os maiores produtores):

– *"É divertidíssima a esquizofrenia de nossos artistas e intelectuais de esquerda: admiram o socialismo de Fidel Castro, mas adoram também três coisas que só o capitalismo sabe dar – bons cachês em moeda forte, ausência de censura e consumismo burguês. São os filhos de Marx numa transa adúltera com a Coca-Cola".*

Ele repetia estas frases com leve expressão de sorriso; não se concedia chegar à gargalhada; isto deixava para os circunstantes, o que acontecia com frequência.

TIPOS RECORRENTES DO ESCRITOR

Aficionado da obra romanesca, das crônicas e do teatro de Nelson Rodrigues, eu compulsei alguns tipos frequentes nos seus livros.

Um tipo engraçado é a grã-fina de narinas de cadáver. Ele diz que a encontrou no elevador para as tribunas de honra em uma partida no Maracanã. Sugerindo que não sabia o que estava fazendo lá, Rodrigues diz que ouviu uma pergunta que ela fez ao acompanhante: "quem é a bola?". Da mesma maneira, em outra crônica, para gozar de seu amigo Otto Lara Resende (referência costumeira nos textos) na sua primeira ida ao Maracanã, disse que ele lhe fazia a mesma pergunta da grã-fina insistentemente: afinal, "quem era a bola?".

Outra figura é a vizinha gorda e patusca, machadiana, com gaze na perna por causa das varizes, sempre a dizer platitudes: "nada como um dia após o outro", "vivendo e aprendendo", "Deus sabe o que faz".

Outro tipo é o Palhares ("sem caráter"; para provar isto ele rouba beijos da cunhada no corredor).

Um personagem qualquer, ao manifestar-se, com frequência, fala com "olho rútilo e lábio trêmulo".

Quanto a pessoas, as fixações de Rodrigues: o escritor mineiro Otto Lara Resende (referências elogiosas), o doutor Alceu Amoroso Lima (referências críticas), o cardeal Dom Hélder Câmara (sempre críticas pelas posições socialistas do cardeal). Segundo Rodrigues, para Dom Hélder, "o homem odeia o que ama". Os "padres de passeata", a estagiária de psicologia ou de jornalismo da PUC (a fazer perguntas sem propósito e com demonstração de completa ignorância em relação aos assuntos nos quais trabalhava). Rodrigues dizia que a estagiária tinha canelas finas, "calcanhar sujo" por usar sandália, fazia ioga e psicanálise de grupo, antes fazia análise individual, era desquitada ou estava em vias de se desquitar. Certa feita, o Palhares (o canalha citado acima), com quem a estagiária tinha começado a se relacionar, perguntou-lhe como estava a sua análise. Ela respondeu que estava ótima, pois notava que estava piorando de quinze em quinze minutos. Gozação frequente do escritor: a Psicanálise. Segundo ele, o preço da sessão do psicanalista é caríssimo, e não resolve nada, como se vê na resposta da estagiária: a análise está surtindo efeito quando o paciente piora a cada quinze minutos.

Vez ou outra, por algum motivo, alguém dá "arrancos triunfais de cachorro atropelado". Ou aparece alguém com "cara de museu de cera". Ou então um substantivo acompanhado de adjetivo improvável: "lucidez apavorante". Ou mesmo em frase completa: "como é antigo o passado recente"; "eu sou um idiota da objetividade"; "pendia-lhe do lábio a baba elástica e bovina do homicida"; "uma bofetada muda seria menos ultrajante". Para ele o som é o que ultraja a bofetada. Sem ele, seria passável, aceitável a tapa desferida em alguém?

E a seguinte reclamação:

– "E como é árida a época que não consegue dar um defunto monumental!"

Ao referir a grande aplicação com que precisa fazer alguma tarefa, ou por assumir muitos compromissos profissionais por necessidade de dinheiro, ele diz que despendia mais esforço que o feito pelos "remadores de Ben-Hur".

QUESTÕES TRABALHISTAS[9]

Quem mora em conjunto residencial ou em edifício passa por isso: assumir o condomínio no rodízio a que estão sujeitos os condôminos, às vezes. São raros os casos em que alguém procure o cargo por iniciativa própria. Foi o meu caso. Fui indicado pela maioria dos moradores, sem ter interesse de ser síndico. Minha motivação também foi como maneira de formalizar o condomínio como empresa, fazer os registros necessários, inclusive dos empregados. Passados já dois anos desde a aprovação da convenção, o condomínio ainda persistia na informalidade. Os síndicos indicados não tinham concluído esta etapa. Este foi o compromisso explícito que assumi: meu mandato terminaria logo que eu fizesse todos os registros necessários.

Tínhamos seis empregados: quatro porteiros e dois serventes. Um dos porteiros era mal-educado, arrogante, chegava atrasado ao trabalho, me pareceu que agia como se não tivesse receio de ser demitido. Enfim, eu o tinha como mau empregado por não respeitar as regras. Mas era sempre tolerado. As reincidências dos malfeitos sem nenhuma conse-

---

[9] Nota extraída de "Para Quem Gosta de Gerenciar", livro de crônicas relacionadas à área de gerência, lançado em 2018.

quência para ele talvez o tenham levado a julgar-se inatingível. Certa feita, ele levou para casa a arma de propriedade de um condômino que ficava na mão do porteiro, quando isto era permitido pela lei. Foi demitido em razão disso. Só que sem as providências prévias de repreensão, de suspensão, para que, no fim, desaguassem na rescisão contratual por justa causa. Providências não tomadas pelo síndico anterior.

Tempos depois, o condomínio recebe intimação para responder na Justiça do Trabalho: ele requeria indenização por uma série de alegações. Nesta altura, eu era o síndico, e tive que responder a questão na Justiça do Trabalho. Na audiência, tentei negociar com o advogado que representava o ex-empregado; eu o conhecia como colunista social de um dos jornais de Belém. Ele me respondeu agressivamente, rispidamente, que não tinha conversa: o condomínio tinha que pagar a indenização da forma como estava no processo.

Esta foi a primeira vez em que estive em um tribunal. Reconheço: despreparado para a defesa do condomínio que eu representava. Ficou-me um gosto acre na boca, pois conhecia bem o empregado e a justeza da demissão. Na saída do prédio do tribunal, carregava a pergunta: é aqui que se faz justiça?

Depois do episódio, concluí que os empregadores estão sujeitos a estas situações se não agirem de acordo com a lei, antes de uma demissão por justa causa, tomar todas as cautelas constantes da lei, para não dar mínima chance para maus empregados conseguirem reparação indevida na Justiça. É vã a expectativa de que a Justiça prevaleça sem essas condicionantes. Felizmente, este tempo ficou para trás com a atualização da legislação ocorrida em 2.017.

Agora, com as mudanças trazidas pela lei 13.467/2.017, que entraram em vigor em 11/11/2.017, mais de 200 dispositivos da CLT foram alterados.

Para citar um exemplo: antes a lei não previa que o trabalhador pudesse pagar os honorários do advogado da parte vencedora, caso viesse a perder a ação; também não havia multa por má-fé, nem custas por faltar às audiências. Isto incentivava a ida do empregado por qualquer motivo ao Tribunal, certo de que teria algum retorno financeiro, que beneficiaria também o advogado trabalhista. Com a lei em vigor, se o trabalhador faltar a audiências ou perder a ação, terá de pagar custas do processo e ainda o valor devido ao advogado da empresa acionada. Se o juiz entender que o trabalhador agiu de má-fé, poderá ser determinado o pagamento de multa e indenização à empresa. Assim, a nova lei impõe que o advogado faça a avaliação cuidadosa da causa para estimar se há chance de sucesso, fazendo valer a frase de Francesco Carnelutti, jurista italiano (1.879-1.965), para quem "o advogado é o primeiro juiz da causa". Antes, esta avaliação não precisava ser tão meticulosa: a chance de sucesso era grande; e se ocorresse insucesso, não havia consequências.

Este único aspecto da mudança da lei fez com que as queixas trabalhistas tivessem redução acentuada. Houve redução de 45% no número de reclamações trabalhistas no primeiro trimestre de 2.018 comparado com mesmo período de 2.017, segundo levantamento feito pelo Tribunal Superior do Trabalho (TST).

A redução do número de queixas é explicada pelo fato de ter ficado mais caro para o empregado iniciar o processo, e também mais incerto o resultado (se perder, ele vai ter que arcar com custas do processo).

CAMPO POPULAR E ANTIPOPULAR

Em artigo para a Folha de S.Paulo, o professor da USP, André Singer, ex-secretário de Imprensa durante o governo Lula (2.003-2.007), tece comentários a respeito da segunda condenação do ex-presidente. A despeito do enorme pacote de provas de que as reformas do sítio de Atibaia foram pagas por consórcio de empreiteiras (Odebrecht e OAS), ele reproduz comentário de jornalista de que não existiria evidência de que os recursos empregados foram de desvios da Petrobras.

O articulista alega que há "dois pesos e duas medidas", pois os casos que envolvem o filho do presidente Bolsonaro com irregularidades de seu assessor na Assembleia Legislativa do Rio e de presumido envolvimento com milícias. Ele compara duas situações diferentes: de um lado, o ex-presidente com seus oito processos e com o caminhão de provas do petrolão; do outro, os casos do filho do presidente, que estão em fase de investigação pelo Ministério Público estadual; nem culpa firmada existe ainda. Ele pergunta, e responde em seguida:

– "Alguém acha que o ministro da Justiça, Sergio Moro, o homem que comandou a caçada a Lula, virá a público afirmar que não é preciso comprovar o vínculo entre o seu chefe e determinados episódios de violência no Rio, pois 'ele seria o garantidor de um esquema maior'? Evidente que não".

É correto afirmar que Moro caçou Lula, se o que fez foi aplicar a lei? E mais: não só a pena foi confirmada pela corte de apelação como foi aumentada.

Ele conclui:

– "Sobre Bolsonaro serão exigidas provas minuciosas de ligação entre o primeiro servidor do país e atos específicos, sem as quais acusações serão consideradas 'meras acusações'. Dois pesos e duas medidas. Elas obrigam o campo popular a jogar com as mãos amarradas, enquanto o antipopular nada de braçada".

Nem há precedente para ele afirmar que serão exigidas provas minuciosas. Baseado em que o jornalista pode fazer esta afirmação? Mera suposição sem base factual.

Ele menciona "campo popular" para referir os adeptos do ex-presidente preso – os que vão jogar com as "mãos amarradas"; o grupo do presidente é o "campo antipopular", o que "nada de braçada". Ora, é risível. O presidente acabou de ser eleito: se fosse contra o povo, ele se elegeria? Não seria o caso de inverter as designações: o campo do ex-presidente preso não seria agora mais apropriadamente o contra o povo – até por tudo o que fez, pela roubalheira, pelo desemprego, pela corrupção recorde mundial, e o do presidente é o popular, pois foi eleito, e só foi eleito porque teve mais votos?

E a esquerda e as suas expressões: são os progressistas – mas a designação não tem a ver com progresso – constituem um tipo diferente de progressistas: os comprometidos com o atraso, com as ideias superadas, situadas ali por volta de meados do século passado. Os oponentes – da direita – são os conservadores, os atrasados. Inversão risível dos significados. A direita defende as ideias contemporâneas, mas não são progressistas, são conservadores.

DO FACEBOOK[10]

Achei despropositada a atitude de um amigo de me criticar acerbamente anos atrás por ter compartilhado um vídeo de um médico renomado, ligado à neurolinguística e à nutrologia (ciência da nutrição).

No vídeo, o médico apontava os malefícios do consumo de coca-cola (e dos refrigerantes, de modo geral), com base em uma análise química comparativa do pH da água da torneira (pH = 7,0) e do pH do refrigerante (pH = 2,5).

Sabe-se, para contextualização do assunto (quem não tiver interesse no assunto técnico, vá ao próximo parágrafo), que: 1) pH

---

[10] Nota extraída de "Outros Casos e Percepções", livro de crônicas lançado em 2018.

significa potencial hidrogeniônico; mede o grau de acidez, neutralidade ou alcalinidade de uma solução; 2) o pH é medido em uma escala de 0 a 14; 0 indica acidez máxima; 7 indica substância neutra; 14 indica alcalinidade máxima (por exemplo, o pH da soda cáustica é 14,0); 3) a escala é logarítmica; desta forma, pH de 4,0 é 10 vezes mais ácido que pH de 5,0, 100 vezes mais ácido que pH de 6,0 e 1000 vezes mais ácido que pH de 7,0; 4) pH < 7 indica que o meio é ácido; 5) pH = 7: água da torneira (água neutra); 4) pH entre 8,0 e 10 (água alcalina): água ideal para consumo humano; 5) em organismos saudáveis, os líquidos intracelulares e extracelulares apresentam pH oscilante entre 7,35 e 7,45; ou seja, é levemente alcalino; 6) o pH da água para se beber deve ir idealmente de 8,0 a 10,0.

Ele dizia que a ingestão de um copo de refrigerante exigiria que se bebessem 32 copos de água alcalina para eliminar a acidez.

Pensei com os meus botões: quem garantiu a ele direito de mo criticar por compartilhar algo que eu julgo relevante? Da mesma forma, eu não tenho nenhum direito de fazer o mesmo com ele, por mais abjeto, inadequado ou desimportante que fosse o produto que ele compartilhasse. É como ajo. Nesses casos, eu simplesmente ignoraria a postagem.

Ainda confabulando com os citados botões: não sei se o incômodo (que levou à insolência) do amigo decorreu do fato de ele ter o costume de beber coca-cola em quantidade exagerada. Em uma refeição, eu o vi tomar, sozinho, uma garrafa pet de dois litros. Em consequência deste consumo excessivo, ele apresentava exatamente os efeitos nocivos apontados pelo médico no vídeo (obesidade, pressão e glicemia altas) e outros males decorrentes do consumo desmedido de refrigerantes.

LUXO PARTICULAR

Que tal ter um cinema no térreo do prédio onde você mora quando inexistiam a internet e os serviços de *streaming*? E nas sextas e sábados havia sessão à meia noite, com a filmografia clássica dos principais diretores do mundo. Tais como Federico Fellini ("A Doce Vida"; "Amarcord"), Alfred Hitchcock ("Psicose"; "Janela Indiscreta"), Ingmar Bergman ("Morangos Silvestres"), Jean-Luc Godard ("Viver a Vida", "Alphaville"), Michelangelo Antonioni ("Blow-up"; "A Aventura"), Akira Kurosawa ("Os Sete Samurais"), Kenji Mizoguchi ("Contos da Lua Vaga"), Frank Capra ("A Felicidade não se compra"). A propósito deste último, perdi a conta das vezes que vi, e continuo recomendando para quem não viu ainda. Parecida com a fixação de um filho por um filme na infância, que eu não podia deixar de locar toda semana: "A Moto Mágica". Eu lhe dizia para ver outro. Nada! Ele só queria ver esse.

Era assim minha vida no Rio durante o mestrado. Para chegar à porta de casa, bastava pegar o elevador. Considerava-me privilegiado. Cine Ricamar, na Barata Ribeiro, no Lido, Copacabana, zona de meretrício, infestada de boates com shows eróticos apelativos.

Quando a programação artística ou futebolística do fim de semana no Rio não agradava, pegava o Cometa (ônibus) da meia-noite e amanhecia em São Paulo para dias intensos com os amigos de lá.

QUE FAZER COM O QUALIS/CAPES?

A despeito da crise no setor editorial, tenho recebido insistentes e-mails de editoras do sul para que eu submeta meus livros para publicação. Ignoro-os todos.

Curioso é que a única referência que fazem para despertar meu interesse é que vou poder pontuar Qualis/Capes, talvez por verem minha origem.

Minha reação: rio, e deleto imediatamente, pressionando <enter> por, absolutamente, não escrever com o propósito de conseguir esta pontuação. Quando oferecerem alguma moeda sonante, começarei a avaliar a proposta.

Claro, tenho refugado as abordagens porque agora persigo outros valores e outras metas.

Enquanto isso, vou escrevendo apressadamente como se estivesse com alguma doença terminal e com uma mensagem para deixar e ainda com um tempinho e uma reserva de forças para passá-la antes de apagar a luz para dormir.

DIFERENÇA ENTRE MILHÃO, BILHÃO E TRILHÃO[11]

Às vezes, perdemo-nos entre milhão e bilhão de reais pela corrupção sem ter ideia da real distância entre estes valores. O matemático americano John Allen Paulos dá exemplo associado ao tempo (em segundos), com o qual se tem a magnitude dos dois valores. Um milhão de segundos equivale a menos de 12 dias; já um bilhão de segundos é quase 32 anos. Veja lá a relação: de 12 dias para 32 anos.

Já estamos com orçamento na economia brasileira na escala de trilhões de reais (3,5 em 2.017).

Um trilhão de segundos é pouco mais de 31,7 milhões de anos. Esta última conta é da minha lavra; como foi feita na munheca, peço que o leitor verifique. Quem estiver com tempo, refaça a conta (não vale com máquina) e me fale se não bater. Portanto, de milhão para bilhão e de bilhão para trilhão, vamos de 12 dias para 32 anos, e daí para quase 32 milhões de anos.

Retirei a conta do matemático Paulos do sítio "O Antagonista" (publicado em 27/7/2.017).

---

[11] Nota extraída de "Outros Casos e Percepções", livro de crônicas lançado em 2018.

TORRES DO CURUÇAMBÁ E DO CURIÓ-UTINGA

Um internauta pergunta se na Itália ou na Espanha também constroem prédios residenciais e botam nomes de cidades e palácios de outro país. Ele sugeria que usassem o nome da cidade da região metropolitana de São Paulo. Poderiam construir as "Torres de Carapicuíba", por exemplo. Apresento outra ideia: as "Torres do Vale do Anhangabaú", para referir a famosa região central da cidade de São Paulo.

A mania aqui é a mesma, e então estendo a pergunta feita com quatro bairros cuja pronúncia deve soar estranha em espanhol e em italiano (e só por isso os referencio), sugerindo que os construtores de lá não esqueçam Ananindeua e Belém, e ergam as Torres do Curuçambá ao lado das Torres do Maguari-Cajuí, e as Torres do Bengui próximas das Torres do Curió-Utinga.

A resposta talvez seja não. Os nomes das tais torres citando cidades ou palácios estrangeiros são pura jequice nossa de cada dia.

REFORÇOS NO FUTEBOL

Os jornalistas esportivos tratam qualquer contratação de um clube como reforço. Com frequência se trata de jogador que não representa reforço nenhum, pelo que joga. Pode até significar o enfraquecimento do time. Mesmo os chamados "cabeças-de-bagre" são tratados como reforço.

TIPOS DA REDE

Não poderia ser diferente. O espaço virtual é livre para todo tipo de manifestação. Todos têm direito a voz, inclusive os acanhados, os retraídos. Há quem não aceite que outros tenham opinião diferente da sua. Há os mal-educados, que se concedem o direito de agredir os outros, quando discordam de sua opinião. Há os que se julgam fiscais da rede, a destratar os outros por resolver agir diferentemente de suas expectativas.

Não me sinto confortável de fazer qualquer reparo a respeito de visão política ou religiosa de quem quer que seja. São assuntos de natureza estritamente particular. Posso discordar de uma ou de outra, mas não tenho direito de fazer qualquer comentário crítico.

Há os que estão como se não estivessem. Não se manifestam. Curiosamente, dizem presencialmente que acompanham o que alguém tem feito, apoiam-no, mas sem registrar isto na rede.

Há os que ameaçam que vão excluir tais e tais se manifestarem tal ou qual posição. Será que os outros também não se sentem neste direito de excluí-los? Vejo estes tipos que julgam que a relação abstrata de uma rede social no seu entorno converge para si, ou giram em torno de si. Não são tristemente ridículos?

"NÃO ROUBAR E NÃO DEIXAR ROUBAR"

Frase de Paulo Guedes, ministro da Economia do governo Bolsonaro: "... O dinheiro do povo vai para saúde, educação, segurança, saneamento básico, transporte e desenvolvimento".

Concordo, e espero que ele cumpra. Se pudesse, acrescentaria a frase de José Dirceu a respeito do dinheiro do povo (quando assumiu a Casa Civil, no governo Lula): "não roubar e não deixar roubar".

Fiquei com a frase na memória por duas razões: é frase forte; se posta em prática já norteia um governo; se ele fizer só isso já terá feito muito.

O outro motivo para guardá-la foi a dicção do ministro. É mania de locutor de rádio aos 18 anos; ainda mantenho o costume de observar como as pessoas pronunciam as palavras, se corretamente ou não. Paro para ouvir quem fala bem, com todos os esses e os erres. O protótipo da perfeição para mim é Cid Moreira: dicção e impostação perfeitas. Registrei isto em nota a respeito de dicção no meu livro "Páginas Recolhidas", de 2.009. O ministro pronunciou assim o lema do PT no governo: "não robá e não deixá robá".

A História recente do país registra que o partido não fez nem uma coisa nem outra no governo.

Voltando ao ministro Paulo Guedes: com o que ele disse, ninguém consegue discordar. Ele falou que não vai destinar dinheiro para o que não seja essencial. Muito bem, como não há dinheiro para tudo, é boa orientação priorizar o que é fundamental. Cortar as despesas desnecessárias. Fechar a TV do Lula, encerrar a empresa do trem-bala, vender a estatal das camisinhas, etc. Há muito para fazer. Fechar os ralos por onde escoa o dinheiro dos impostos. Cortar os privilégios do Executivo, conversar com os outros poderes acerca do assunto (corte de privilégios no Legislativo, no Judiciário, no Ministério Público), vender as frotas de aviões e de carros, etc. Pegar a frase de Dirceu, e colocá-la em prática. Vamos ver se desta vez dá certo. Eu ainda acrescentaria: além de não roubar, e não deixar roubar, não atrapalhar quem quer trabalhar honestamente, executar projetos de melhoria da infraestrutura do país que favoreça a produção, o comércio, a exportação, os investimentos empresariais.

O PODER DA EQUIPE

Toda a lógica da gestão de projetos baseia-se na distribuição das tarefas que compõem o processo de execução entre os participantes da equipe encarregada de dar conta dos objetivos associados que precisam ser alcançados. Dependendo da qualificação e das habilidades de cada membro, as tarefas são atribuídas. Cabe ao gerente fazer as alocações de tarefas pertinentes às competências de cada um; a partir daí, acompanhar e controlar a execução para garantir que as exigências de qualidade sejam atendidas.

O trabalho em equipe potencializa os resultados, garantindo que o objetivo seja executado em menor tempo, assim como possibilita que cada participante contribua com o projeto com habilidades ou competências particulares, para assegurar a realização dos objetivos.

Porém, o gestor depende sempre da motivação, do desempenho, da competência profissional e do comprometimento de cada membro da equipe do projeto, assim como do espírito de equipe, da harmonia e da colaboração entre os envolvidos para consecução dos objetivos.

NÚMERO DE MINISTÉRIOS

Há alguns dias, ex-aluno me contata para comentar a respeito do número de ministérios do governo Bolsonaro. Ele repetia o que eu dizia em sala de aula: o número excessivo de ministérios era indicativo de falha na estrutura de governo; servia apenas para acomodação de políticos (lembremo-nos do recorde do governo Dilma – 39 ministérios). Eu acusava: trinta e tantos ministérios era sinal de que o interesse do presidente era em não atuar gerencialmente, acompanhando e controlando programas e projetos, para atingir as metas de seu governo.

Havia menção do presidente eleito em ter doze ministérios. O governo Temer tem 29 ministérios (incluídas neste número duas secretarias e quatro órgãos equivalentes a ministérios).

Depois de idas e vindas, o governo Bolsonaro terá 22 ministérios. Para quem falava em doze, ficar com 22 representa claro retrocesso. Que a dezena a mais não tenha resultado de necessidade de acomodação política. Se tiver sido, começa mal o governo.

ENCONTRO COM UM PULHA[12]

Eu o encontrei casualmente hoje. Ele me olhou, me reconheceu, não falou nada.

Dois ou três anos atrás, ele me abordou num domingo de manhã no estacionamento do supermercado, parado ao lado da sua picape, dizendo que estava em dificuldade momentânea. Não fazia parte das minhas amizades, mas eu o conhecia do clube; eu sabia que era irmão de um companheiro de futebol. Nunca havia conversado com ele, mas dei atenção por sabê-lo irmão de quem era. Ele disse que precisava fazer umas compras, mas tinha saído de casa sem dinheiro e sem cartões. Se eu pudesse lhe emprestar trinta, quarenta reais, ele me devolveria nesse mesmo domingo no clube. Eu lhe passei uma cédula de cinquenta reais, por reconhecer que embaraços fazem o cotidiano.

Fui ao clube como previsto, mas ele lá não apareceu para devolver o dinheiro.

Duas semanas depois falei para o irmão o que tinha acontecido. Sua resposta me desconsertou:

– É, ele é assim...

A partir desta resposta, inesperada, afinal eu atendi o irmão em consideração ao companheiro, dei como perdido o dinheiro.

Ao encontrar o crápula hoje, muito tempo depois do episódio, seria milagre achar que ele pelo menos se desculparia... Nada. Leve sorriso de reconhecimento e talvez de lembrança, e só.

A importância que perdi é irrisória; para ele também é, pois certamente precisa deixar no posto de combustíveis três das cédulas que lhe dei ao abastecer o carrão. São pessoas deste tipo que, às vezes, nos levam a recusar uma ajuda pedida pelo receio de ser só

---

[12] Nota extraída de "Outros Casos e Percepções", livro de crônicas lançado em 2.018.

mais um pequeno golpe que nos querem aplicar. Não é possível reconhecer um pulha quando não há proximidade. Como o irmão disse que ele é assim, finalizo dizendo que o cotidiano é assim, mas poderia não ser.

PADRÃO GLOBO DE QUALIDADE

Já houve tempo em que era o paraíso trabalhar na Rede Globo. Época de Roberto Marinho, que construiu um império na área de comunicações, respeitado no mundo. Época de Walter Clark, na década de 1.970, criador do padrão Globo de Qualidade, e depois com José Bonifácio de Oliveira Sobrinho, o Boni. Fazer parte do quadro de contratados da organização era o coroamento da carreira para jornalistas, técnicos, diretores e atores. Há algum tempo não é mais assim.

Com frequência, depois de algum tempo no grupo, alguém opta por trabalhar fora.

Os valores defendidos pela Rede Globo hoje não encontram ressonância na sociedade. Não são os meus, por exemplo.

Não consigo mais ver o Jornal Nacional. Não só, mas todos os outros programas jornalísticos, talvez pelo esgotamento.

Só procuro a emissora para eventos específicos.

Quando vejo alguma cena de novela, me parecem tão pouco convincentes os atores, que chego a tomar como programa de humor pelo esforço que fazem na representação, sem conseguir minimamente seu intento.

Quase sempre os enredos são repetitivos, o texto é ruim, eivado de clichês, os atores até são esforçados, mas inconvincentes, primários na arte da encenação.

Falar em padrão de qualidade na Rede Globo hoje é exagero; ou que haja qualidade no que a emissora faz.

É verdade que as outras grandes redes conseguem ser piores. O SBT com as reprises de Chaves e os programas enlatados, e a Record com as novelas bíblicas que roçam o grotesco.

WALTER CLARK

Da referência da nota anterior ao padrão Globo de qualidade, que minguou, lembrei frase de Walter Clark, o grande líder que levantou a Rede Globo.

A frase: "Trabalhar muito é sinal de incompetência". Não sei em que contexto ele a formulou, mas é possível extrair alguns ensinamentos dela.

Clark era um "bon vivant", que sabia extrair da vida o máximo. Talvez se pudesse dizer que era um hedonista (aquele para quem o bem supremo da vida é o prazer). Encontrei referências a Clark em livros de crônicas de Nelson Rodrigues. Davam conta do luxo de seu gabinete de trabalho na TV Globo e também de seu automóvel Mercedes (na época, os importados eram raros no Brasil).

No dizer característico de Rodrigues o carro tinha tudo, até cascata com filhote de jacaré. A respeito dos suspensórios que Clark usava, Rodrigues disse que não se poderia falar deles sem lhes acrescentar um ponto de exclamação.

Voltando à frase: se o trabalho está exigindo esforço demais, principalmente com tarefas consumidoras de tempo e que trazem pouco resultado, é indicativo de algum nível de incompetência por não descobrir forma que exija menos esforço. Deduzo que, para ele, o competente procura trabalhar pouco, mas eficientemente, com máximo resultado.

SOBREVIVÊNCIA DE NEGÓCIOS

Em meu livro "Empreender é a Questão", lançado em 2.018, incluí algumas questões de provas da disciplina a respeito de empreendedorismo que ministro. Costumo entregar no texto enviado aos alunos no primeiro dia de aula com a programação e com o conteúdo detalhado constante da ementa, dentre outros tópicos, as provas já aplicadas. Assim, o estudante já fica informado como a avaliação será feita. Abaixo, uma destas questões com sua resposta.

Como as questões são abertas, apresento meus argumentos depois da prova, mas, claro, avalio os argumentos apresentados pelo estudante na sua resposta.

Questão proposta: Considere aqui uma empresa cujo fim é o lucro. Certamente o negócio dessa empresa não permanecerá rentável sempre. Como se precaver deste fato, para garantir a permanência da empresa quando a rentabilidade deixar de existir?

Possível resposta: naturalmente a empresa não pode acomodar-se com o paradigma atual; ela deve prospectar continuamente o mercado em busca de novas oportunidades, promovendo mudanças antes que a concorrência o faça, ou que o próprio mercado determine, pela rejeição dos produtos/serviços oferecidos pela empresa. Um caminho de sobrevivência é a busca pelo novo paradigma na área em que a empresa atua: isto exige pesquisa contínua.

A imprevisibilidade é a tônica dos mercados competitivos. Em razão disso, a empresa deve manter atenção à melhoria contínua de seus processos, seja pela redução de custos, seja pela diminuição de tempo, de modo a oferecer a seus clientes vantagens que os concorrentes não conseguem dar.

LEI DAS CONSEQUÊNCIAS NÃO PRETENDIDAS

Extraído da mesma fonte (meu livro "Empreender é a Questão", de 2.018), também questão de prova da disciplina sobre empreendedorismo que ministro.

Questão proposta: A invenção de uma tecnologia pode ter efeitos profundos e inesperados em outras tecnologias aparentemente não relacionadas, em empresas comerciais, nas pessoas e até na cultura como um todo. Esse fenômeno é frequentemente chamado de *"lei das consequências não pretendidas".* Exemplos: a) Na década de 1.950, ninguém poderia prever que o software se tornaria uma tecnologia indispensável para negócios, ciência e engenharia; b) Com o software, novas tecnologias foram criadas (por exemplo, a engenharia genética); c) A extensão de tecnologias existentes com o uso do software (por exemplo, a área de telecomunicações); d) O declínio de antigas tecnologias (por exemplo, a indústria tipográfica); e) A rede mundial de computadores (Internet) evoluiu e ainda vai evoluir e modificar muito a vida das pessoas e a forma como as empresas atuam. Ninguém poderia prever que o software estaria embutido em sistemas de toda espécie: transporte, medicina, telecomunicações, militar, industrial, entretenimento, máquinas de escritório – uma lista sem fim.

Dê pelo menos TRÊS exemplos adicionais na área de computação (desenvolvimento de software) que se enquadrem na "lei de consequências não pretendidas".

Possível resposta: como as demais, a questão é aberta. Tópicos que poderiam ser citados: recursos tecnológicos que possibilitam o teletrabalho; aplicação de realidade aumentada; sistemas embarcados em veículos, máquinas, etc.; smartphones, que possibilitam aplicações móveis de várias naturezas; aplicações na área de mobilidade urbana; aplicações de controle de serviços de transporte compartilhados; serviços de streaming, serviços de downloads; jornal digital; criptomoedas; GPS; tradução em tempo real; redes sociais; mídia digital em substituição a VHS e fita cassete; comércio eletrônico; *cloud computing*; internet das coisas; *blockchain*; tecnologia para tratar o *big data*; aplicações de inteligência artificial para situações diversas do cotidiano; aplicações de robótica em geral; plataformas de vídeo, jogos, revistas, etc.

JORNALISTA BIRUTA

O ministro da Justiça e Segurança Pública, Sérgio Moro, nem bem anunciou seu pacote de medidas de mudança do Código de Processo Penal, um jornalista credita a ele a primeira chacina ocorrida no Rio depois do evento. Na foto que estampa a chacina, com sangue salpicado no chão, o jornalista sobrepôs foto do ex-juiz. Será que o jornalista está ficando biruta?

É o mesmo jornalista, dono de certezas absolutas, que, na campanha presidencial de 2.018, disse em entrevista na televisão, jogando o tronco para trás e depois para frente (como a minha avó fazia quando queria destacar algo enquanto falava) que não havia a mais mínima possibilidade de Jair Bolsonaro sair vencedor da eleição.

Quem indicou Sérgio Moro para ministro foi o presidente eleito. Talvez aí resida a razão da dura crítica que o jornalista faz a um e a outro. Ao ex-juiz pela posição jurídica claramente contrária ao garantismo que o jornalista tanto defende (era defensor solitário de Michel Temer, por exemplo; como também de Gilmar Mendes, outro que vê o Direito pela ótica garantista); ao presidente, por achá-lo incapaz de governar.

Para quem atua como comentarista, o jornalista deve precatar-se um pouco mais com o que fala e escreve, evitando tanta birutice, pois, o acúmulo de opiniões erradas – que a realidade teima em contrariar seguidamente – deslustram seus pontos de vista. Não é para isso que seus empregadores o contrataram.

FARINHA AMARELA

Na feira, a farinha de mandioca (aipim ou macaxeira) amarela é mais cara que a comum (a sem corante). Perguntei ao feirante por que era bem mais cara que a que não recebia corante. Ele respondeu: é a da farofa.

Fica assim então: o cidadão paga bem mais caro para algo que recebeu aditivos químicos para mudar a cor por causa da farofa.

O índice glicêmico da farinha de mandioca é 61 (é considerado índice médio); não tem fibras, por isso não leva a saciedade; recomendação: uso moderado (uma colher). Conclusão da nota: quem gosta de farinha, deve comer com moderação em razão do índice glicêmico. E fugir da "amarela da farofa" pelo aditivo químico.

PERSPECTIVA A PARTIR DE CURITIBA

Com a posse de Jair Bolsonaro, que perspectiva tem o ex-presidente a partir de sua suíte de moradia forçada no prédio da Polícia Federal de Curitiba? Será que ele se questiona: onde errei?

Bolsonaro era tão improvável como vencedor da eleição presidencial que muitos políticos não davam a mais mínima chance para ele; nem aceitavam cogitar a hipótese de que ele ameaçasse. Os jornalistas políticos também externavam posição idêntica. Eu mesmo já confessei. Não sou político, nem jornalista, por isso mesmo mais sujeito a erro. Perdi duas apostas para eleitores assumidos do capitão reformado. Desperdicei umas poucas cédulas com a onça pintada impressa.

Por que achava que a candidatura era inviável? As posições extremadas do então candidato contra segmentos da esquerda, contra a comunidade LGBT, contra quilombolas, contra as instituições, contra o PT, contra o MST, contra o MTST.

Convivi por muito tempo com oficial da reserva do Exército que tinha sido contemporâneo de Bolsonaro na ativa e que acompanhava mais de perto ainda suas ações como deputado federal: ele dizia que o candidato era um "porra-louca", um agitador. Corresponde com o que eu via a distância.

Já encontrei artigos jornalísticos que diziam que Bolsonaro foi genial em ver o que ninguém mais via durante as eleições de 2.018. Por isso, venceu.

Pelo inesperado e pelo perfil do candidato, a vitória é semelhante à de Trump nos Estados Unidos. Improvável.

MAQUIAVEL E A MUDANÇA[13]

A frase abaixo de Nicolau Maquiavel, historiador e escritor italiano (1.469-1.527), aplica-se ao trabalho do profissional de tecnologia, tanto com relação à repercussão da mudança proposta quanto com respeito às barreiras a serem enfrentadas até que a mudança efetuada se estabilize.

Em todas as ocasiões em que o propósito seja implantar nova tecnologia, espera-se, confrontando custos e benefícios, que ela mude para melhor um negócio ou uma área da organização (se isto não acontecer, deve ser desativada).

Mas será necessário enfrentar o status quo e tudo o mais que está apegado a ele. Note que Maquiavel prevê os obstáculos que se tem à frente; ele não esquece os que serão beneficiados com a mudança. Não se deve contar com eles. Nada ou pouco farão pelo novo, apesar da presunção de serem beneficiados. Implícito na frase de Maquiavel para o agente da mudança: vire-se sozinho!

– "Nada é mais difícil de realizar, nada é mais incerto para se ter sucesso do que quando se toma a iniciativa para implantar uma mudança, pois, o inovador terá como inimigos todos os que se davam bem debaixo das velhas condições, e defensores sem entusiasmo naqueles que podem dar-se bem debaixo das novas".

A obra de Maquiavel induziu a criação do adjetivo "maquiavélico", com o significado de ardiloso, velhaco, astucioso, pérfido, des-

---

[13] Nota extraída de "Um Pouco da Minha Vida: Novos Casos e Percepções", livro de crônicas lançado em 2.018.

leal. Seu livro mais conhecido é "O Príncipe": a primeira edição foi publicada postumamente em 1.532; trata-se de um guia de como chegar ao poder e manter-se nele. Pelas ideias expressas na obra, deduziu-se a frase que passou a ser creditada a Maquiavel, e traduzem a negação da moral: "os fins justificam os meios".

Duas outras frases de Maquiavel:

– "Aos amigos, os favores; aos inimigos, a lei";

– "Quando fizer o bem, faça-o aos poucos; quando for praticar o mal, faça-o de uma vez só".

A QUESTÃO DA COMUNICAÇÃO

Cedo na profissão, eu notei a importância de me comunicar bem, de evitar ruídos na comunicação, de garantir que me tinha expressado bem ao conversar com os outros, e que tinha entendido bem o que me havia sido dito e, quando era o caso, o que me havia sido atribuído como tarefa.

Nos livros do *Project Management Institute* (PMI), há indicativo da importância da comunicação com a afirmação de que cerca de 90% do tempo do gerente é utilizado com esforços nesta área, seja em diálogos com patrocinadores do projeto, seja com fornecedores, seja com candidatos a membros da equipe executora, seja com usuários (ou especialistas) da área a que pertence o produto ou o serviço a ser desenvolvido, seja com membros da equipe executora, seja com a preparação ou com a exposição de relatórios de status de projetos.

Não é diferente para arquitetos, engenheiros, médicos, advogados, e muitos outros profissionais. É crucial também para analistas de sistemas, analistas de tecnologia de informação, engenheiros de software, em especial. Por que a comunicação é tão importante? Na maior parte das vezes, o desenvolvimento de software é feito para atender necessidades de áreas com as quais os profissionais não têm familiaridade, o que significa que eles precisarão aprender a respeito, para, só então, ser capazes de conceber e construir o software apropriado. Com frequência ocorre de processos organizacionais utilizados precisarem ser modificados para a informatização.

Portanto, os profissionais de computação precisam aprender a respeito da área de conhecimento em razoável nível de profundidade com base no que os especialistas lhes vão dizer. Qualquer mau entendimento, qualquer falha ocorrida neste processo de obtenção de informações (chamado de "coleta de requisitos") repercute negativamente no software que será desenvolvido.

Como garantir que se fez a coleta das necessidades corretas para o software, sem que haja risco de haver reclamações dos usuários por possíveis lacunas ou erros de entendimento do que foi tratado nas entrevistas realizadas? Aqui o que considero o "pulo do gato" para esta questão e com o qual praticamente eliminei o problema: com a especificação formal do software, preparada pelo analista de sistemas ou pelo engenheiro de software, registrando o que foi levantado nas entrevistas com os especialistas ou nas reuniões realizadas com este fim. Esta especificação precisa ser produzida com a preocupação de ser compreendida pelos especialistas. A exigência de compreensão é para que eles a aprovem se ela corresponder ao que seja o correto levantamento dos requisitos do software a ser construído; havendo falhas ou lacunas, que elas sejam apontadas pelos usuários para correção. E mais: nada que seja necessário tenha sido omitido (não haja lacunas), nem nada que seja desnecessário tenha sido incluído. Havendo esta aprovação formal, está dada a garantia de que basta desenvolver o software de acordo com ela para que a chance de retrabalho ou insatisfação na entrega seja minimizada.

Durante a implantação do software desenvolvido, se houver discordância em relação ao que foi entregue, a especificação aprovada pelo usuário ajudará a dirimir as dúvidas, apontando a quem cabem possíveis custos decorrentes de retrabalho e desenvolvimentos adicionais necessários.

O "pulo do gato" mencionado pode servir para outras situações como a que relato a seguir acerca de sistema para o qual eu dava manutenção. Recebi a incumbência de desenvolver programa para fazer cálculo de folha especial com valor correspondente a percentual da remuneração do empregado. Era tempo em que não havia os controles de hoje (com a centralização dos pagamentos dos funcionários federais). Cabia a cada instituição processar sua folha e enviar resumo para as instâncias superiores em Brasília fazerem o repasse dos recursos necessários ao pagamento.

As instruções para elaboração me tinham sido passadas por escrito. Isto facilitava minha vida de analista-programador. Depois de tudo pronto, deliberação de última hora me foi comunicada para incluir no programa. A determinação era para que dois ou três servidores que constavam da folha normal não aparecessem nesta extra. Não sei bem por que isto seria feito. Pedi que me mandassem por escrito as matrículas a serem excluídas. Adotei a solução mais simples possível para o pedido de última hora: coloquei comando "if" dentro do laço de processamento dos empregados do cadastro para excluir aqueles dois ou três renegados que não fariam jus à gratificação natalina especial. Acautelei-me com todos os documentos em meu poder se algo depois resultasse em recurso por alguma razão qualquer, já que, se estavam em situação normal, por que tinham de ser excluídos?

Não sei de desdobramento posterior, mas, como analista-programador eu estava respaldado para o que tinha feito.

A formalização por meio da especificação aprovada é a melhor garantia de que não haverá problema de comunicação a ser imputado indevidamente ao profissional de computação. Que caiba a ele só o que seja seu erro mesmo, e não de outrem.

OLHANDO CAPAS DE LIVROS DE AUTOAJUDA[14]

São engraçados os títulos destes livros. Esta nota é a respeito do que carregam na capa estas obras, constantes das listas de mais vendidos da revista "Veja". Antecipo que não os li (exceto um citado no fim da nota): meus comentários cingem-se ao que trazem no título. Consultei várias edições dos dois últimos anos da revista para redigir a nota.

Encontra-se em décimo mais vendido na lista de autoajuda na última edição da revista um livro que propõe no título: "Seja foda!" (editora Buzz). De outro autor, há uma obra que sugere (na mesma lista, em quarto lugar): "A sutil arte de ligar o f*da-se" (editora Intrínseca).

Há algum tempo consta o livro que declara "O poder do hábito" (editora Objetiva); outro destaca "O poder da ação" (editora Gente).

Como, afinal, o tempo que temos à disposição nem é o futuro e nem é o passado, é o presente, alguns declaram "O poder do agora" (editora Sextante), "A Hora é agora!" (editora Vida e Consciência) e "Vá em frente! Não deixe nada pra depois" (editora Vida e Consciência).

Veja se não chama a atenção do empresário desavisado o livro com título: "O único livro que todo empresário precisa ler" (editora Gente). O empresário pode perguntar-se: quem sabe não está contida nele a solução (tabajara) de todos os meus problemas?

Há quem não brilhe; isto ocorre com a maioria das pessoas. Mas alguns brilham. Então, um livro convida: "Você também pode brilhar" (editora Benvirá).

---

[14] Nota extraída de "Outros Casos e Percepções", livro de crônicas lançado em 2.018.

Sabe-se lá o que ocorre depois da morte, sabe-se lá como vamos morrer, só sabemos ao certo que isto vai acontecer: por isso um livro sugere "Viver em paz para morrer em paz" (Planeta).

Nesta vida, cada dia nos reserva uma luta. Precisamos estar preparados para a batalha diária. Problemas, com alguma frequência, enormes precisam ser superados. Por isso, um livro nos traz "Como vencer gigantes" (Editora Sextante).

Como a gente se enrola com problemas, às vezes; como a gente se ilude com as coisas e com as pessoas; e como a gente se apega com quem não deve, há uma trilogia para resolver estas questões (aqui, a autora descobriu um filão para explorar e foi em frente, com títulos bem coloquiais, sem se importar que o primeiro e o terceiro não obedecessem ao português padrão): "Não se enrola, não" (editora Intrínseca), "Não se iluda, não" (editora Intrínseca), "Não se apega, não" (Intrínseca).

Na norma culta da língua, o título (logo o título do livro, não poderia conter erro) deveria ser: "Não se enrole, não" e "Não se apegue, não". Se ela preferisse a segunda pessoa do singular, ficaria: "Não te enrola, não" e "Não te apega, não".

A ansiedade é demais hoje, as exigências da vida são muitas, há pressa em conseguir as coisas. É um dos males do tempo atual. Justifica a obra "Ansiedade" (editora Saraiva). Como deve ter vendido muito, cabe uma continuação. Mas não esgotou o assunto? Não deu ainda: por isso "Ansiedade 2" (mesmo autor, editora Benvirá).

Há muitas razões para enlouquecer, sem dúvida. O autor resolve inovar contando o que o faz ficar louco (com esta redação, mesmo): "Eu fico loko". Como deu certo, vai uma continuação: "Eu fico loko 2" (ambos da editora Novas Páginas).

Como se pode ficar desnorteado com esta vida maluca, alguém pergunta no título: "Quem me roubou de mim?" (editora Planeta). Fiquei curioso de saber se o ladrão foi encontrado.

Escrevi isto tudo para chegar aqui e propor que leiam um dos mais antigos livros de autoajuda (é de 1.936) – este eu li e este eu recomendo – "Como fazer amigos e influenciar pessoas" (do escritor americano Dale Carnegie [1.888-1.955], Companhia Editora Nacional). De vez em quando volta às listas de mais vendidos.

Tenho um fato curioso a contar acerca deste livro. Encontrei um exemplar (já amarelado pelo tempo) em um banco da Praça Batista Campos, talvez deixado de propósito para que alguém o recolhesse. Li. Como gostei muito, tempos depois reli.

Em mais de uma vez emprestei para colegas com dificuldades de relacionamento. Por último, doei para um aluno que me pareceu que precisava dele pelo que demonstrava em sala, com recomendação expressa de que o lesse e passasse adiante. Meses atrás, encontrei o estudante, e perguntei se ele já havia doado o livro. Para minha frustração de doador, não fez o que sugeri: talvez nem tenha lido ainda, por isso não o presenteou.

Para encerrar, e levando em conta que sempre há um desavisado que pode acreditar em algo impossível: "Como convencer alguém em 90 segundos" (editora Universo dos Livros).

PREÇO DO DESCRÉDITO

Simples entrega do correio, no serviço mais caro oferecido, quando consumado o recebimento pelo destinatário, é comemorado pelo remetente como um feito da estatal:

– Não é que entregaram a correspondência!

MINHA ABORDAGEM DE ENSINO PARA APRENDIZAGEM (I)

Dividi em quatro partes esta nota: é a forma como faço a postagem diária no Facebook, evitando texto muito longo e, em atenção aos que me acompanham, sem falhar nenhum dia por anos seguidos.

Valho-me para a redação desta nota do que escrevi em minha série de livros de didática para o ensino superior. A nota foi desdobrada em quatro partes; as três seguintes serão postadas nos próximos dias.

Para iniciar o assunto, como fiz no preâmbulo dessas obras, recorro a D´Amore (2007) [1] em seu livro "Elementos de Didática da Matemática": "para ensinar Matemática não basta conhecer Matemática". É necessário conhecer a fundo, mas não é suficiente. Ele quer dizer que é necessário o domínio da didática também. Mas ainda não só isto. O aprendiz precisa estar motivado: precisa querer aprender, afinal não pode ser forçado a isto.

Na abordagem de ensino para aprendizagem que emprego, que fui montando por tentativa e erro ao longo da carreira docente, há vários pilares. Defendo que estes elementos todos precisam estar presentes em alguma medida para que o objetivo do ensino redunde efetivamente em aprendizagem.

Bruno D´Amore (2007) afirma que a escrita e a publicação de seu livro *"Elementos de Didática da Matemática"* tiveram um objetivo específico: derrubar a ideia ainda prevalecente em certos segmentos (que ignoram a importância da Didática) de que, como citado acima, para ensinar Matemática basta conhecer Matemática. D´Amore lançou seu *"Elementi di Didattica della Matematica"* na Itália em 1.999.

Com isto em mente, escrevi o primeiro livro da minha série em que procurei identificar *"Elementos de Didática da Computação"*. Já nesta obra eu referia, corroborando D´Amore, que ela era a explicitação da relevância da Didática.

O primeiro título que eu tinha atribuído para meu livro era: "Didática da Computação". Depois, concluí que não era um bom título, pois eu jamais conseguiria abordar tudo a respeito do assunto; eu precisava de um limitador para a expressão "Didática da Computação"; por isso, recorri aos "Elementos" do título do livro de Bruno D´Amore. Os "elementos" que incluí no livro de didática da computação são os que julgo pertinentes, sem nenhuma pretensão de esgotar os assuntos, pondo a restrição devida no título. Depois, com a decisão de levar meu trabalho da computação com adaptações para outras áreas, inclusive a Matemática, eu não poderia mudar o título inicial. Por isso, tenho um "Elementos de Didática da Matemática" como D´Amore. Só que meus elementos são completamente diferentes dos dele, apesar de eu referir sua obra, vez ou outra, ao longo dos livros da minha série.

O autor que norteou mais fortemente meu trabalho na Didática foi Claudino Piletti, com seu livro "Didática Geral", 23ª ed. (São Paulo: Ática, 2.000). Tomei como base este livro para a escrita da primeira versão do texto que escrevi quando fui designado para ministrar a disciplina "Didática Geral" no Curso de Licenciatura em Física da Faculdade de Física do Instituto de Ciências Exatas e Naturais da UFPA. A cada período que eu era incumbido da disciplina, eu refinava o texto, até chegar à forma atual.

Depois de quatro décadas de aulas, cheguei à seguinte estrutura de ensino e aprendizagem para as disciplinas que ministro. Esta abordagem é trazida com o objetivo de possibilitar análise e avaliação do leitor. Na maior parte das vezes, estive envolvido com disciplinas terminais ou profissionalizantes dos cursos de computação, em que podia exercitar habilidades ou competências exigidas do bacharel em computação ou em sistemas de informação.

Continua amanhã, com os pilares da abordagem de ensino e de aprendizagem que utilizo.

MINHA ABORDAGEM DE ENSINO PARA APRENDIZAGEM (II)

Em que pilares minha prática didática se assenta? O primeiro pilar: é uma autoimposição. Dispor de texto próprio de cada disciplina (tendo em vista processo evolucionário de elaboração, melhorado continuamente, a cada nova oferta da disciplina), com roteiro completo (base teórica) de todo o conteúdo programático, bibliografia, exercícios de fixação, exercícios propostos, provas anteriores, detalhamento de projetos previstos para desenvolvimento, práticas didáticas a serem adotadas (exposição rápida, gincana, método de projeto, sala de aula invertida, redação de artigo, dentre outras); itens de avaliação que vão compor o conceito final da disciplina, quantidade de provas e datas de realização.

Segundo pilar: centrar a aula na interação professor-estudante, estudante-estudante. De que forma? Incentivando as perguntas dos alunos, fazendo perguntas para eles, preparando exercícios de fixação que cubram os assuntos tratados; estes exercícios são respondidos em sala ou trazidos para apresentação; colocando-me à disposição para responder perguntas e avaliar versões iniciais de projetos e textos fora do horário da aula, preferencialmente por e-mail, ou seja, por meio de comunicação assíncrona (nunca em tempo real). Quanto ao tempo requerido para ler e comentar tantos trabalhos, é o obstáculo desta forma de trabalho. Resolvo esta questão com habilidade pessoal de leitura dinâmica de textos e de anotação de comentários com a aba de revisão do Word. Informo aos alunos também o teor da observação abaixo (colocada no texto da disciplina) – algumas aulas serão substituídas por avaliação de trabalhos e artigos a distância, conforme permitido pela Portaria MEC nº 1.134, de 10/10/2.016:

"Observação: Em conformidade com a Portaria MEC nº 1.134, de 10/10/2.016 (que determina que até 20% das atividades dos cursos superiores presenciais podem ser na modalidade a distância), eventualmente alguma aula será substituída por atividade a distância, em especial as destinadas à avaliação de trabalhos e artigos".

Terceiro pilar: tornar compreensível a importância do conteúdo a ser estudado (a seguinte pergunta é respondida: por que é importante estudar esta disciplina?). Vincular o conteúdo à sua utilização posterior, com destaque para artefatos que poderão ser produzidos, para preparação para exames em que tal conteúdo seja exigido.

Quarto pilar: enfatizar a avaliação processual; terminada a exposição de dado assunto, independentemente da prática didática adotada, verificar se houve aprendizagem. Aqui entra uma das formas de realizar a avaliação processual, para confirmar a aprendizagem; caso não tenha ocorrido, o docente tem chance de fazer as correções necessárias. De que forma? Adotando outra prática didática, recorrendo a outros argumentos, ou com outros exemplos. Fazer avaliação somativa (aquela que produz notas ou conceitos para o registro no histórico escolar) só quando não houver mais prazo para liberação de conceitos para o sistema acadêmico.

Quinto pilar: exposição rápida. Propósitos: mobilizar o estudante a participar da aula, possibilitar escape dos tópicos constantes do programa, desenvolver ou aprimorar habilidade de comunicação oral do estudante, sua habilidade de síntese, habilidade de argumentação e contra-argumentação, habilidade de fazer exposição com tempo determinado, atendo-se ao que é essencial para expor.

Sexto pilar: produção de textos acadêmicos pelo estudante (detalhamento de projetos e artigos acadêmicos), em que são desenvolvidas ou aprimoradas as capacidades de redação do estudante, devidamente avaliada pelo professor em três momentos (quando a ideia inicial é exposta, no meio do trabalho de redação e depois da entrega da versão final do texto). Ao mesmo tempo, exigem-se leitura e observância de normas para fazer citações e referências de obras.

Sétimo pilar: provas com consulta a livros, a internet e a tudo o mais que o estudante julga necessário, exceto os colegas de sala; a intenção é simular um pouco a situação de estar em seu gabinete, quando precisa desenvolver um trabalho intelectual qualquer. Desde logo, o estudante sabe que a prioridade não é a memorização de conceitos, de métodos ou técnicas (isto está à sua disposição para acesso a qualquer momento que precise), mas a aplicação em situações reais ou fictícias, e a demonstração da capacidade de comunicar por escrito seu pensamento.

Continua amanhã com outros aspectos da abordagem de ensino e de aprendizagem que utilizo.

MINHA ABORDAGEM DE ENSINO PARA APRENDIZAGEM (III)

Com relação ao material didático liberado em pdf para os estudantes no primeiro dia de aula, como afirmado acima, a preferência é por texto próprio para a disciplina, especialmente preparado para a ocasião. Serve de roteiro para as aulas. Raramente utilizo slides nas aulas expositivas, apesar de disponibilizá-los para os alunos.

Conceito explorado nas primeiras páginas do material didático: "contrato didático" – conceito formulado por Guy Brousseau (educador matemático francês, 1933-), que consiste na explicitação das expectativas de parte a parte – professor em relação aos alunos e, dos alunos, em relação ao professor – no início do processo de ensino e do processo de aprendizagem, de modo a não haver nenhum ruído que prejudique os dois processos. Busca-se que haja acordo para a elevação progressiva da expectativa de resultados que levem ao desenvolvimento ou ao aprimoramento de habilidades e competências constantes dos objetivos da disciplina. Expresso a elevação de expectativas por meio de metáfora com o salto em altura do atletismo: a ideia é ir "subindo o sarrafo" progressivamente, à medida que os resultados vão sendo atingidos, até que o tempo se esgote por completo.

Para o nível da sala de aula, Pais (2008) [2] afirma que o contrato didático define as obrigações mais imediatas, e recíprocas, que se estabelecem entre o professor e os alunos.

Diferentes abordagens são adotadas nas aulas. O objetivo é fazer com que cada aula seja distinta da seguinte em termos de procedimentos empregados. Busca-se a atratividade pela variedade de procedimentos, evitando uma forma rotineira. Se uma aula foi expositiva, a seguinte teria debate ou discussão de projeto ou exercícios de fixação. Sem improvisos. Os alunos são avisados da abordagem a ser adotada na aula anterior. Isto requer mais trabalho do professor.

Portanto, a abordagem de ensino é variada: estão previstas aulas expositivas para apresentação inicial pelo docente do assunto a ser trabalhado; indicação de pequenos filmes para serem vistos em casa (a serem debatidos em sala – a sala de aula invertida); sessões para relato de experiências e de propostas de trabalho, seguidas de avaliação pelo professor e pelos alunos não envolvidos no trabalho; estes respondem os questionamentos feitos. Estão previstos seminários para que os grupos de discentes apresentem seus projetos/artigos.

Amanhã continua com o sistema de avaliação de aprendizagem que adoto.

MINHA ABORDAGEM DE ENSINO PARA APRENDIZAGEM (IV)

Sistema de Avaliação de Aprendizagem

A avaliação é feita com base nos trabalhos desenvolvidos (redação de projeto, artigo, apresentação de seminários). Estão previstas as seguintes formas de avaliação:

a) Formativa (*Avaliação formativa*: aquela que ocorre durante a aprendizagem; se dá por meio da interação entre aluno e professor; outro assunto só é tratado depois que as dúvidas tiverem sido sanadas sobre o atual. Recebe este nome porque proporciona "formação"),

b) Recursiva (*Avaliação recursiva*: outro nome para avaliação formativa. Interação ocorre entre professor e aluno até que haja a compreensão do assunto abordado; havendo necessidade, o professor reformula seus procedimentos didáticos), e

c) Somativa (*Avaliação somativa*: aquela realizada no fim do período de aulas para obter os resultados que serão lançados nos registros acadêmicos; não há mais tempo para aprendizagem se ela não ocorreu (o conceito será atribuído com base no que o estudante obteve na prova ou mereceu pelo trabalho entregue).

Há três momentos em que projetos e artigos elaborados pelos alunos são submetidos para avaliação do professor: uma primeira etapa, que consiste na apresentação da ideia inicial do projeto/artigo; um segundo momento para avaliação do desenvolvimento e, por fim, a avaliação da forma final do projeto/artigo. Considero sempre a possibilidade de que o estudante aprimore seu trabalho, e que isto seja levado em conta na avaliação.

A avaliação final da disciplina é feita a partir dos seguintes pontos: 1) frequência às aulas (lembrar que há reprovação por falta para quem faltar mais que 25% das atividades previstas); 2) uma prova em sala; 3) elaboração de projeto – (exemplo) Plano Estratégico; 3) submissão de artigo acerca de tópico do conteúdo programático; 4) participação nas aulas.

Definição de projeto: Plano Estratégico [Opções da turma: ICEN ou CTIC ou alguma Faculdade do ICEN (exceto a Faculdade de Computação) ou de Empresa qualquer, à escolha da equipe. Trabalho pode ser elaborado por até 4 alunos. O documento deve obedecer modelo a ser apresentado durante as aulas.

Frequência Mínima: 75% (5 faltas a aulas de 4horas-aula no máximo para disciplina de 68h). Pontuação para frequência: [0]: 10 pts.; [1-2]: 8pts.; [3]: 6 pts.; [4]: 4 pts.; [5-]: REPROVADO POR FALTA.

Obs.: para a disciplina de 34h (do CBSI), o número de faltas no máximo é 4 faltas; pontuação para frequência neste caso: [0]: 10 pts.; [1-2]: 8pts.; [3]: 6 pts.; [4]: 4 pts.; [5-]: REPROVADO POR FALTA.

Conceito final da disciplina:

A nota final será obtida da seguinte maneira:

$$NOTA-FINAL = \frac{PROVA*4 + \left[\frac{PROJETO + PARTICIPAÇÃO}{2}\right]*4 + FREQ*2}{10}$$

Calculada a nota final (fórmula anterior), o conceito final será obtido da seguinte maneira:

CONCEITO-FINAL: INS <5; 5<=REG<=7,5; 7,5<BOM<=9; 9<EXC<=10.

Conclusão

No meu juízo, com os sete pilares listados acima, combinados com as outras práticas didáticas, e buscando contar com a motivação do estudante, respaldado em forte interação professor-aluno e na disponibilidade do professor quando requerida pelo aluno e do aluno quando requerida pelo professor, ficam postas as condições para o ensino traduzir-se, com mais chance, em aprendizagem efetiva. Observe o leitor que as condicionantes da aprendizagem são muitas. E ainda deixei a condicionalidade: "com mais chance". É assim porque a tarefa é complexa.

Referências

[1] D´AMORE, B. *Elementos de Didática da Matemática.* São Paulo: Livraria da Física, 2.007.

[2] PAIS, L. C. *Didática da Matemática: uma análise da influência francesa.* 2ª ed. Belo Horizonte: Autêntica, 2.008 (Coleção Tendências em Educação Matemática).

ATENDIMENTO DO CLIENTE

A redução de custos a que as empresas se impõem faz com que serviços relevantes sejam desativados ou modificados, com perda de qualidade. É o caso dos serviços de atendimento ao cliente (SAC). Há casos de empresas que praticamente eliminam o serviço: oferecem ao cliente comunicação por e-mail, em que os assuntos são previamente estabelecidos. Se o cliente quiser comunicar algo que fuja ao padrão, não há como fazê-lo. Que serviço de atendimento é este?

Sou cliente de uma empresa há mais de vinte anos. Ela passa por dificuldades decorrentes de mudanças no próprio negócio; talvez tenha perdido o momento de ajustar-se sem reflexos tão danosos à qualidade do serviço que presta. Aí, percebe-se o paradoxo: para reduzir custos, corta os canais com o cliente. Como haver fidelização assim?

Tenho observado este padrão: a empresa passa por crise, o faturamento é declinante, ela perde clientes, não paga os fornecedores. Alguém é contratado com a missão de colocá-la na normalidade. Uma das primeiras decisões do consultor é cortar custos. Serviços são eliminados. Um destes é o de atendimento ao cliente. Pensando em solucionar o problema, o que fazem é abreviar o caminho para a falência. É o que tenho visto.

SÓ TRABALHO[15]

Há pessoas do seu relacionamento de amizade a quem você recorre em alguma situação de dificuldade na esperança de contar com seu apoio, e nada! Não se manifestam negativamente, explicitamente, mas, no fim, você nada consegue. Quando há trabalho envolvido, e é do interesse dela – só trabalho, sem remuneração –, a pessoa lhe contata, e você aquiesce.

---

[15] Nota extraída de "Um Pouco da Minha Vida: Novos Casos e Percepções", livro de crônicas lançado em 2.018.

Aí você percebe as situações se repetirem, e tira o padrão comportamental: é pessoa do tipo que "só cisca para dentro". O que significa esta expressão?

Guardei de entrevista de Ulysses Guimarães (1.916-1.992), deputado federal pelo estado de São Paulo, presidente do MDB, presidente da Câmara Federal por duas vezes, presidente da Assembleia Nacional Constituinte, que promulgou a Constituição de 1988. Ele dizia que "em política só se cisca para dentro" querendo dizer que todas as ações das instâncias de um partido são para fortalecê-lo, jamais para desagregá-lo.

Este colega a que me refiro nesta nota só favorece seu grupo interno, a despeito de recorrer, aqui e ali, a quem esteja fora: mas estes, que fiquem cientes, nada terão de retorno – é só trabalho, e gracioso.

Conhecem alguém que age assim: só lhe dá trabalho, sem paga?

COMO RECONHECER UM CALHORDA

Uma amiga me disse que reconhecia um crápula pelo formato dos lábios. Assistindo jornal na tevê, ela apontou vários políticos que apareciam em sequência na tela como crápulas. Nenhuma novidade associar um político com crapuleação (comportamento de crápula). Se ficasse aí não haveria novidade, afinal, qual político não merece esse qualificativo? Bem poucos, é preciso admitir. Mas ela dizia isso sem precisar conhecer a vida pregressa da pessoa. Só pela observação do formato do lábio superior. Pelo que me disse o lábio não pronunciado é indicativo de calhordice do indigitado.

Não sei qual a cientificidade que há na informação. Não sei como ela chegou a esta correlação. Talvez se trate de simples coincidências. Não fiquei convencido.

Da mesma forma que não me convenci com o que ouvi de conversa de um amigo, Arnaldo, com seu conhecido. Conto rapidamente: estávamos conversando, eu e Arnaldo, próximo à agência bancária; aproxima-se um colega dele; não cheguei a ser apresentado; eles trocam algumas palavras. O assunto tratado era uma briga política interna na universidade, no entorno do reitor. Aí, como conclusão do episódio comentado, já se afastando, seu colega diz:

– Arnaldo, não se pode confiar em quem tem bunda grande.

Como testemunha ocular e auditiva da história, fiquei ruminando: que tem a ver uma coisa com a outra? Com que base empírica ele chegou a esta conclusão: a correlação entre confiabilidade e tamanho da bunda?

Peço desculpas por não apresentar resposta para as duas questões na crônica. Fica só o registro por ter presenciado o que foi dito. Quem sabe o leitor as elucide.

CAETANO CAETANANDO VELOSAMENTE

Caetano Veloso fez para a **Folha de S.Paulo** uma revisão do ano de 2.018 (o título da matéria: "Revisão muito incompleta do ano de 2.018"), publicada em 25/12/2.018, repassando vários assuntos, literatura, música, política, inclusive, com seus comentários e avaliações. A respeito do resultado da eleição, ele escreveu:

– *Fui e sou contra praticamente tudo o que os vitoriosos vêm dizendo há muito tempo.*

Caetano não diz com que ele é contra do que os vitoriosos vêm dizendo. Ele diz "praticamente tudo". Com que discorda? Com que concorda? Perdeu a oportunidade de deixar claro. Mas a intenção é esta mesma, não deixar nada claro. Ele gosta de entrelinhas. De outro modo, não seria Caetano. Não é ele quem gosta de fazer uma afirmação acerca de algo, e terminá-la com "ou não?"?

Ele comenta em seu texto que, perguntado por Pedro Bial, a respeito da revelação do Coaf das movimentações atípicas do assessor do filho de Bolsonaro, Fabrício Queiroz, o general Augusto Heleno (ministro chefe do Gabinete de Segurança Institucional – GSI) disse que só vieram à tona pela proximidade da posse do presidente eleito. O Coaf manifestou-se agora, mas ficou caladinho durante toda a roubalheira do mensalão e do petrolão. Caetano comenta que o general riu desconfiadamente disso, e se disse feliz com a eficácia do órgão. Por que fez só agora com o filho de Bolsonaro?

Caetano elogiou o general, disse que ele é simpático, que sua atuação no Haiti orgulhava os brasileiros.

Quanto ao fato de o Coaf ter-se manifestado agora, Caetano diz que Lula está na cadeia; um petista pode dizer a mesma coisa: o que envolveu a prisão do ex-presidente também e toda a operação Lava Jato estão repletas de lances e de oportunidades que só ocorreram porque se tratava de Lula.

Mais uma "caetanada": como ele não admite dizer que o PT roubou além de todas as medidas, mesmo considerando os governos anteriores mais corruptos da História do país, que faz? Ele diz que os jornalistas reafirmam que "os dois lados são iguais".

Além de jogar nas costas do presidente algo que é do filho, não comenta a desproporção dos valores envolvidos – de bilhões de reais para seiscentos mil reais – esta foi a movimentação do assessor do filho do presidente. Se considerar o valor que foi depositado na conta da esposa, vinte e quatro mil reais, Bolsonaro afirmou que se trata de pagamento de empréstimo feito a Queiroz; na verdade, segundo Bolsonaro, a importância foi de quarenta mil reais, a ser pago em parcelas de quatro mil reais. Nem aponta que a tramoia de bilhões está provada na Justiça (muitos dirigentes do PT estão na cadeia, passaram por ela ou estão a caminho); a culpa do assessor ainda carece de investigação que a comprove. Caetano simplifica, recorrendo aos jornalistas, os dois lados são iguais, ou seja, ambos são corruptos.

Há uma torcida da esquerda que se prove que Bolsonaro é corrupto. Até agora não conseguiram. Se nada ficar provado contra o presidente eleito, que pode dizer a esquerda, liderada pelo PT? Nada. Fica difícil falar alguma coisa nestas circunstâncias.

Caetano deseja que 2.019 traga a superação destes "embates simplistas" e "que o Brasil esteja mesmo acima de tudo".

APOSTA ERRADA

Manchete da Revista **Veja**: "Dilma aposta no fracasso de Bolsonaro".

Ponto a favor do capitão da reserva então: como ela teima em estar sempre em erro, por dedução lógica direta, pode-se concluir então que o novo governo terá sucesso.

Neste caso em particular, a ex-presidente (afastada do governo em 31/8/2.016 pelo Congresso por crime de responsabilidade), por prudência, deveria ficar calada, ou, que seja, torcesse calada pelo fracasso do governo.

Por conseguinte, seu erro é duplo.

CHEGOU A MINISTRO DA EDUCAÇÃO

Com a vitória do capitão reformado, candidato sem chances de vitória para grande parte do eleitorado – eu me incluo (por conta disso, perdi duas apostas para eleitores do ex-deputado) – desde logo houve manifestação de segmentos da oposição de que o Brasil se encaminhava para o dilúvio, para a hecatombe.

Natural que fosse assim, afinal só o capitão (e seu grupinho) acreditava na própria vitória. Se dois anos atrás, ou mesmo um ano, alguém falasse na possibilidade de ele vir a tornar-se presidente seria chamado de louco. Só que o capitão da reserva acreditava na vitória, daí a dimensão da sua genialidade (crer em algo em que ninguém mais levava fé), reconhecida até no exterior.

Certo, circunstâncias trabalharam a seu favor. O atentado que sofreu foi o evento desencadeador de circunstâncias que só o favoreceram. A ausência aos debates foi o principal. Ele tinha o álibi perfeito.

A candidata da Rede no primeiro debate da Rede Globo o tinha encurralado, ficando clara sua limitação intelectual. Talvez com os posteriores isto pudesse desencadear reação dos eleitores em dúvida. Os opositores não tinham o que fazer. Concentraram nele toda a artilharia possível. E havia muita coisa para usar na campanha, pois o capitão na sua longa carreira como político não agia e nem falava o convencional ou o politicamente correto.

Comentei tudo isto para chegar ao artigo de Renato Janine Ribeiro, ex-ministro da Educação de Dilma Rousseff, na **Folha de S. Paulo** de 16/1/2.019, em que ele afirma:

– "Estamos perto da entropia, de o Brasil se inviabilizar".

Ele disse isso com não mais que 15 dias de governo. Não é um visionário por excelência este senhor? Já anteviu com precisão o futuro de um governo com este tempo. Semelhante visão tem a presidente que o nomeou para Ministro da Educação.

A ex-presidente e seu ex-ministro podem torcer pelo fracasso do governo. Não é de bom tom que externem esta torcida com argumentos tão inconsistentes.

O ex-ministro já enquadrou o governo recém-instalado: divide-se entre extrema direita e direita autoritária, bem longe da sua posição de esquerda. Como filósofo, o ex-ministro surpreende com ideias ultrapassadas, a sua classificação visa mais desqualificar do que trazer alguma expectativa válida para as discussões do momento. Sugere que ele precisa posicionar-se perante seus pares.

Para ele, a extrema direita ficou com os ministérios que cuidam de valores – Direitos Humanos, Educação e Ambiente – e também com as Relações Exteriores. Com as indicações, ele disse que o presidente repudiou a centro-direita, que trabalhou com Fernando Henrique nos seus mandatos.

A direita autoritária ficou com os superministérios da Economia e da Justiça. Não se poderia esperar do ex-ministro elogio ao ministro da Justiça e Segurança Pública, Sérgio Moro: a razão está exatamente no lugar de onde veio o ex-juiz – Curitiba. Quanto ao ministro Paulo Guedes, eu não tenho ciência do motivo do enquadramento feito por Janine. Talvez decorra da pauta que o ministro da Economia defende, frontalmente contrária ao socialismo, fortemente liberal, e comprometido com a desestatização, com o objetivo declarado de fazer com que o Estado sirva à população, e não o contrário.

Janine disse que os dois ministros envergonham o país no exterior, mas empresariado e parte da imprensa os apoiam, na expectativa de que Guedes entregue como resultado crescimento econômico e que Moro, redução na corrupção e melhoria na segurança pública. Curioso que ele afirma que não se sabe o que Moro buscará, mas cita os dois pontos da pauta do novo ministro. Exatamente o que o pôs em destaque por condenar tantos criminosos do colarinho branco na sua carreira de juiz federal em Curitiba.

Janine vaticina que a extrema direita vai fracassar, não haverá avanços sociais, a Justiça estará às voltas com a repressão sem cuidar das "causas do crime".

Outra afirmação apocalíptica do ex-ministro de Dilma Rousseff: o país está próximo da entropia – "a possibilidade de se inviabilizar". Aí ele reforça a tintura, para ficar clara a posição: o país vai "entrar em colapso, por longos anos ou mesmo para sempre". Para sempre? Esperei que ele exemplificasse com outro momento semelhante: ele citou a hiperinflação de pouco antes de 1.994. Engraçado que ele não citou nenhum momento do governo de que fez parte como também exemplo do colapso que diz que se avizinha.

Outra coisa: ele escreve que o país está próximo da entropia; apresenta como sinônimo leve de entropia a palavra desastre; deduzo que não sabe de que se trata, pois dá a ideia de que seja estado alcançável; um leitor da Folha recomenda que ele estude Física para entender o conceito. Na verdade, entropia é a medida da variação ou desordem de um sistema.

Na sua visão o Judiciário pode anular a eleição de 2.018. Que afirmação disparatada! A Justiça Eleitoral não anulou a eleição de 2.014, seriamente comprometida pela corrupção do petrolão e pelo estelionato da candidata vencedora, por que anularia a de 2.018, realizada sem estas máculas?

Janine não poderia terminar de outra forma (e, por isso, o *site* O Antagonista convida seu leitor a se divertir com o devaneio do ex-ministro), com sua "quase certeza" de que a extrema direita não vai permanecer no poder por muito tempo já que o desastre é iminente.

Com tal capacidade de articulação e com o sectarismo demonstrado, este senhor chegou a ministro da Educação. Culpa de quem o escolheu.

ESTRATÉGIA PARA CRIATIVIDADE

Adaptado de meu livro "Empreender é a Questão" (lançado em 2.018) – extraído do capítulo que trata de criatividade.

Uma estratégia útil para solução de problemas intrincados que exijam desenlace rápido e que o profissional indicado para resolvê-los, a despeito de experiência, de conhecimento, de esforços prolongados, não vem conseguindo sucesso. Na área de desenvolvimento de software, com frequência ocorre de o programador encarregado de depurar um programa que apresentou erro (em especial quando haja também premência de tempo para que ele seja recarregado em face de prejuízos consideráveis à organização); a despeito de despender horas e horas de concentração no trabalho, o programador não consegue sucesso. Uma estratégia a ser adotada nestes casos, e que serve também para exercitar a criatividade, são as sessões de *brainstorm*.

Nestas sessões, uma equipe reúne-se para encontrar a solução de dado problema enunciado. A sessão começa com a lista de todas as ideias que os participantes consigam formular para solução do problema. As ideias são anotadas em um quadro. Toda ideia é bem-vinda. Nesta etapa, nenhuma é descartada, por mais insólita que seja. Quando o grupo não conseguir apresentar nova ideia, então parte-se para a segunda etapa, que consiste em analisar detidamente cada ideia, para determinar sua eficácia ou seu descarte. A equipe toda se concentra em avaliar a ideia, com argumentos pró ou contra. Se a ideia proposta soluciona o problema, o processo é encerrado; se não soluciona, passa-se à próxima ideia da lista, com a análise feita de forma semelhante.

Ricardo Semler (Semler, 2006), em seu livro *"Você está louco! Uma vida administrada de outra forma"*, descreve a forma como seu grupo empresarial investiga ideias para investimentos, planos de trabalho, reformulações organizacionais. Ele cita como justificativa para o título de seu livro o seguinte: se a ideia apresentada pelo colaborador na reunião mensal do comitê "C Tá Loko" não levar à exclamação do título, ela não é suficiente inovadora e não será considerada. O objetivo é contrapor-se aos padrões bem-sucedidos, ao raciocínio de "não se mexe em time que está ganhando". A ideia é exatamente mexer com o que está estabelecido.

JOÃO GROSSO

Era o seu apelido no bairro. O adjetivo era por ser barrigudo mesmo. Sujeito bom. Sua vinda para Belém era uma tentativa de melhorar a vida que levava no Marajó. Analfabeto, era pescador, na construtora onde conseguiu trabalho só lhe cabia ser servente de pedreiro.

Eu gostava de conversar com ele. Observava suas expressões rústicas, havia sabedoria impregnada no que dizia. Senso comum genuíno em quase tudo que falava.

Um dia ele teve no almoço peixe salgado. Chamava de caíca. Não sei que peixe era. Vendiam na rua, em cestas de vime. Bem baratinho. Por isso comia com frequência.

Depois de beber seguidos copos de água, ele me disse:

– Essas caícas puxam água.

Era a sua forma de dizer que peixe salgado causava muita sede.

ORIENTAÇÃO DE JOGO

"Joga no Seco"! "Joga no Seco"! Era o que dizia o treinador da Ponte Preta, time amador da Cremação. Todo domingo havia jogo; em ônibus fretado, iam os jogadores e a torcida. Diversão para a garotada pela viagem gratuita e pelo jogo em si. A partida era em campos à margem da BR ou da estrada de Mosqueiro contra times locais. Não havia arquibancada, os torcedores ficavam à beira do gramado. Nem era bem gramado o que se via lá; era mais um capim baixo.

Curioso, decidi ficar perto do treinador para acompanhar suas orientações: notei que ele dava uma só. Quando a defesa e o meio-campo recuperassem a bola deveriam lançar no atacante, franzino, agílimo, o centroavante do time, o Seco.

TROCA DE CAMISA

Com o patrocínio dos times de futebol pela indústria de vestuário esportivo, se quiserem manter-se atualizados, os aficionados precisam renovar suas camisetas anualmente.

Como o objetivo dos patrocinadores é recuperar o investimento com bastante lucro, as mudanças são acentuadas em relação ao ano anterior.

GOVERNO MÁGICO

Manchete do Diário do Pará de 13/1/2.019: "Homicídios caem quase 40% em nove dias".

Durante anos e anos, a primeira página deste jornal era lugar para o anúncio de que a segurança só piorava dia a dia. Não mais que nove dias foram suficientes para tudo mudar. Que foi feito pelo novo governo do estado que justifique o percentual anunciado pelo secretário de Segurança Pública? Nada, absolutamente nada. Em termos de sensação de segurança, a mesma do governo anterior. Presença de policiais nas ruas? Nada de especial. Se tiver havido algo, ficou nos gabinetes. Aliás, só a informação de que o governador recém-empossado, como uma das primeiras medidas, pediu ao ministro da Justiça e Segurança, Sérgio Moro, que enviasse contingente da Força Nacional. Não há registro de que o envio foi feito.

O secretário paraense, apressado em divulgar números que nada significam e em mostrar serviço não feito, não deixou nem terminar um mês para o ato. E o jornal mostra que, se antes nada prestava, agora tudo mudou. Temos mágicos no governo agora?

A manchete dá ideia da cobertura que o jornal vai fazer do governo estadual: esconder o que for negativo, e alardear o que for minimamente positivo. Aliás, segue a tese defendida no "escândalo da parabólica" pelo ministro da Fazenda, Rubens Ricúpero, no governo Itamar Franco em 6/9/1.994: *"o que é bom a gente fatura, o que é ruim a gente esconde".*

Não é o certo, mas é o que jornal provavelmente vai fazer. Seria recomendável que pelo menos alguma reflexão fosse feita a respeito do que vai ser noticiado para não causar tão má impressão para quem junta "lé-com-cré". A menos que haja interesse em seguir a linha humorística. Pois foi a sensação que tive, rindo muito, ao ler a manchete.

Cabe ver também se até o fim do mandato o jornal elimina o caderno de Polícia, com suas fotos macabras...

PREÇO DO TRABALHO

Por ministrar disciplinas relacionadas à gerência de projetos e empreendedorismo, com frequência respondo pergunta a respeito de como cobrar pelo serviço desenvolvido.

Apresento as abordagens encontradas na literatura para a questão, e depois comento o método que particularmente adoto para fazer o cálculo tendo como referência o valor da hora de trabalho. Com base na remuneração mensal do profissional (incluindo os encargos sociais), dividindo-se por 240 (número de horas de trabalho no mês – 8 horas diárias x 30 dias), tem-se o valor da hora de trabalho. Determinado este valor, busca-se obter o número de horas exigido para desenvolver o trabalho em questão. É necessário experiência para fazer esta estimativa de horas. Informações acerca de projetos passados são cruciais aqui, como também conhecer os membros da equipe que vai executar o serviço em todas as suas etapas. A delimitação do escopo do trabalho é outro fator relevante; uma falha ocorrida neste ponto (omissão de funcionalidade ou acréscimo de alguma indevidamente) afeta a estimativa. Portanto, o conhecimento da equipe é muito importante: a competência técnica do profissional em trabalho anterior é determinante para garantir acerto na estimativa. Competência técnica diz respeito ao domínio do processo de trabalho, comprovado em projetos anteriores e não só em potencial, e de métodos, técnicas e ferramentas que serão utilizadas no desenvolvimento.

Considerando que haja projetos anteriores de onde extrair informações reais de consumo de recursos, há ainda uma questão a considerar. Os projetos apresentam níveis diferentes de complexidade. Então, as informações de projetos passados precisam passar por ajuste de complexidade. Avalia-se o nível de complexidade do projeto atual em comparação com os passados: se é mais simples, o ajuste de complexidade vai levar à redução dos recursos utilizados da ordem do percentual determinado na avaliação; se é mais complexo, o ajuste de complexidade vai acarretar acréscimo dos recursos estimados da ordem prevista na avaliação. Em outras palavras: se a complexidade do projeto atual foi estimada em 10% superior à dos projetos passados (dos quais se extraiu o padrão de consumo de recursos), é razoável que este padrão tenha acréscimo de 10%; se a complexidade do projeto atual é 10% menor que os projetos passados, faz-se o decréscimo do padrão em 10%.

Com base neste conhecimento, é possível determinar o número necessário de horas para dar conta de cada tarefa. E assim do trabalho como um todo. Acrescem-se em 10% a 20% no número de horas determinado como contingência. Incluem-se como contingência ocorrências inevitáveis, como doença ou impedimento de membros da equipe, necessidade de treinamento não previsto, possíveis falhas na coleta de requisitos, perda de tempo ou retrabalhos ocasionais, etc.

Considera-se que os encargos já se encontram embutidos no valor de hora de cada profissional envolvido, de acordo com seu trabalho (nível médio – programação; nível superior – análise de sistemas).

Determina-se o percentual de lucro que o desenvolvimento do trabalho vai proporcionar. Este percentual é variável. Há casos em que pode ser até zero (quando o desenvolvedor tem interesse especial no trabalho, pois vê perspectiva de vender o artefato desenvolvido para terceiros e o cliente não exige exclusividade de uso do produto elaborado). Percentual comum: 30%. Havendo concorrência, o interesse do desenvolvedor em fazer o serviço pode determinar a margem de lucro a ser empregada.

No caso de atividade de aula, utilizo determinado valor de hora que inclui a preparação necessária e o tempo efetivo utilizado nas atividades em sala. Não havendo aquiescência do contratante em pagar este valor nem saio de casa.

Em resumo: contar com informações de projetos passados (ou com a experiência do estimador) é a forma de diminuir a incerteza no processo de estimativa que é, por si, esforço que exige que sejam levadas em conta variáveis (muitas) sobre as quais o que há é expectativa a confirmar. A competência na execução do projeto ajuda a confirmá-la ou não.

INUTILIDADE

Senado Federal pagou R$ 8,2 mil por quadro com pintura da foto de Eunício Oliveira para a galeria de ex-presidentes. Logo à esquerda do novo quadro, vê-se o de Renan Calheiros. Os dois com muitos processos no STF à espera de condenação.

Considero uma inutilidade estas galerias. Este culto à pessoa dos que chegaram à presidência é encontrado em todos os poderes da República. Ocupam espaço, e representam custos. Não se tratam de fotos, mas de pinturas, pagas com o dinheiro dos impostos. Abaixo as galerias de ex-presidentes! Ao lixo com os quadros! Por uma melhor destinação do espaço ocupado pelas galerias!

PIADA PRONTA: GENERAL OU PRESIDIÁRIO?

Uma deputada federal (PT/RJ) emitiu o seguinte comentário irônico no Twitter a respeito da primeira vez que o vice-presidente, General Hamilton Mourão, assumiu a presidência com a viagem do titular a Davos na Suíça:

– Depois de 34 anos, o Brasil amanheceu com um general na Presidência da República. "Parabéns" aos envolvidos.

Resposta de uma internauta à deputada:

— Obrigada. Você vê, tinha gente que queria eleger um presidiário.

Pano rapidíssimo!

"SE LIGA"

Texto no Facebook aponta certo e errado em três ou quatro situações da escrita em português. Tudo perfeito. Só que termina com o que está no título da nota. Percebe-se que a intenção é usar expressão do português falado. A forma verbal está em descompasso com o pronome pessoal do caso oblíquo. Duas possibilidades de correção: "se ligue" ou "te liga". Como não se trata de fala, mas de escrita, seria melhor que o texto fosse finalizado com uma das frases abaixo (para evitar iniciar a frase com o pronome) – a primeira com verbo na segunda pessoa do singular (tu); a segunda com verbo na terceira pessoa do singular (você):

— Fica ligado!

— Fique ligado!

CONSTÂNCIA IMPLACÁVEL

Em conversa com colegas de infância, taxistas de profissão, eles não entendiam como a Prefeitura não impedia os serviços de aplicativo (como Uber, Cabify e 99 POP). Diziam: como podem rodar, transportar passageiro, sem placa vermelha, sem taxímetro?

Que dizer? Expliquei que o negócio em que atuavam havia mudado, não era mais o mesmo de quando se iniciaram na profissão de taxista. As tecnologias disponíveis possibilitam serviço bem mais vantajoso para os clientes do que os de táxi comum. Quem vai pegar um táxi convencional se pode pagar menos com mais atrativos em outro serviço?

Eu lhes disse que estavam pensando como se ainda estivéssemos algumas décadas atrás. Não há atividade que não tenha passado por mudança nos últimos dez, vinte anos.

A origem da questão é a mudança do trabalho em decorrência do avanço tecnológico, seja na área de tecnologias digitais e de comunicação, na automação industrial, na nanotecnologia, na robotização, na engenharia de software, na inteligência artificial, dentre outras.

O emprego ficou mais raro e a tendência é que fique mais ainda. Ocupações deixam de ser necessárias, outras são criadas. Mais postos de trabalho são eliminados do que criados. Como justificar tantas leis trabalhistas com tantas restrições ao emprego?

Uma das mudanças feitas na CLT em 2.017 – a de que o que for negociado entre as partes prevalece sobre o estatuído – atingiu o coração da Justiça do Trabalho. Em editorial de "O Estado de S.Paulo" de 22/1/2.019, intitulado "O destino da Justiça do Trabalho", há menção ao gigantismo da corte trabalhista. O jornal aponta a existência de 1,5 mil varas, 24 tribunais regionais e um tribunal superior formado por 24 ministros. Em 2.017, a Justiça do Trabalho consumiu R$ 18,2 bilhões do erário. 94% deste valor foi gasto com recursos humanos. O jornal faz a pergunta capital: se o emprego é raro, a tendência é que a legislação trabalhista seja enxuta, a relação entre patrão e empregados seja negociada entre eles, por que manter este aparato trabalhista tão oneroso ao Estado brasileiro e cada vez menos necessário?

Retorno à conversa com os amigos taxistas: defender a gigantesca Justiça do Trabalho no cenário atual é tarefa sem sentido, sem base na realidade, é desperdício de recursos. Os taxistas estavam naquele negócio (o serviço convencional) há muito tempo. Não admitiam mudança. Porém, a realidade é outra. Da mesma forma, rareando as questões trabalhistas, que sentido faz manter este peso? Mudança, mudança, mudança. Redução da estrutura, enxugamento, racionalização. Não existem mais as premissas de então. Vida que segue na sua rotina. Às vezes, lentamente; às vezes, mais rapidamente. Mas implacável na sua constância. Constante mudança.

EMPRESA JÚNIOR EM UNIVERSIDADE PÚBLICA

Adaptado de meu livro "Empreender é a Questão", lançado em 2018.

Com base em documento da CONEJ (Comissão Nacional de Empresas Juniores), a Empresa Júnior é definida como uma associação civil, sem fins lucrativos, constituída exclusivamente por alunos de graduação de instituições de ensino superior, que tem como objetivo desenvolver estudos para empresas privadas, organizações públicas e para a sociedade em geral, na sua área de atuação específica, sob a supervisão de professores orientadores designados pela coordenação dos cursos.

Missão da empresa júnior

A missão da Empresa Júnior é criar a cultura empreendedora no âmbito das instituições de ensino superior brasileiras, visando à formação de lideranças empresariais, que atuem com ética, espírito empreendedor, profissionalismo, inovação e responsabilidade social.

Objetivos da empresa júnior

Os objetivos da empresa júnior são:

– Desenvolver o espírito empreendedor, crítico e analítico do aluno participante;

– Complementar a formação teórica e prática do aluno, além de possibilitar experiência com a gestão de empresas;

– Facilitar a inserção do profissional no mercado de trabalho;

– Formar lideranças empresariais;

A empresa júnior é vinculada a um curso superior; os grandes beneficiários da empresa são os alunos pertencentes ao curso. Este benefício advém da busca do aprimoramento pessoal, acadêmico e profissional, por meio dos estudos e dos trabalhos desenvolvidos pela empresa.

A complementação da formação acadêmica do estudante se dá de várias formas: aquisição de experiência em administração empresarial, exercitando as atividades típicas da função gerencial; organização do trabalho em equipe; prática de delegação de responsabilidades; negociação com clientes, patrocinadores, fornecedores, parceiros; treinamento em atividades práticas nas áreas financeiras e contábeis; participação em tomada de decisão acerca da política de imagem da empresa e da prospecção de negócios; contato direto com problemas e situações da realidade empresarial.

Lei nº 13.267, de 06/04/2016

Uma dificuldade que a iniciativa pioneira de criação de empresas juniores no âmbito de instituições federais de ensino enfrentou foi como fazer o controle interno do seu funcionamento, em especial no que tangia à arrecadação de recursos pelas atividades desenvolvidas, à forma como estes recursos seriam aplicados e a correspondente prestação de contas dos recursos.

Com a promulgação da lei nº 13.267, de 06/04/2016, estas questões ficaram resolvidas, pois a lei "disciplina a criação e a organização das associações denominadas empresas juniores, com funcionamento perante instituições de ensino superior".

A lei estabelece que a empresa é formada exclusivamente por universitários regularmente matriculados, sem vinculação partidária. O trabalho desenvolvido pelos membros participantes é voluntário, sem remuneração. Os projetos executados pela empresa devem contribuir para o desenvolvimento acadêmico e profissional dos membros.

Os recursos obtidos por meio dos serviços prestados pela empresa júnior devem ser aplicados na sua manutenção.

A despeito da existência da legislação que disciplina o funcionamento da empresa júnior, as coordenações de faculdades das instituições superiores precisam estar convencidas da importância da existência da empresa como instrumento complementar de formação acadêmica para o grupo de alunos que tenham disponibilidade de participação e interesse na atividade gerencial. É certo que os centros acadêmicos têm papel importante em conduzir os pleitos dos estudantes perante os colegiados das faculdades e dos institutos.

O HOMEM NÃO É LIVRE?

Esta nota apresenta crítica a artigo de Yuval Noah Harari publicado na revista **Veja** de 2/1/2.019. O título é "O mito da liberdade". Harari é israelense, historiador, professor da Universidade Hebraica de Jerusalém, autor de livros de sucesso mundial como "Sapiens: uma breve história da humanidade" (2.014), "Homo Deus: uma breve história do amanhã" (2.016) e "21 Lições para o Século 21" (2.018), lançados pela Companhia das Letras.

Harari defende que o livre-arbítrio é um mito, é algo que não existe. Segundo ele, as escolhas que fazemos não são independentes, não constituem exemplos de livre-arbítrio. Em suas palavras: "cada escolha depende de um monte de condições biológicas, sociais e pessoais que você não é capaz de determinar por si". Ele vai além: com o desenvolvimento tecnológico atual já se percebem circunstâncias que colocam a própria ordem social em risco provocado por governos e corporações que "hackeiam" seres humanos, pondo em risco também a democracia liberal.

A crença que temos desde tenra idade é que o livre-arbítrio nos distingue dos animais. Permitam-me a metáfora grosseira com o computador para o que vem à frente por absoluta incapacidade de caminhar pela trilha da neurociência, com seus avanços. Vou seguir o caminho que me é mais confortável, mas que está no nível do que Harari escreve como historiador, comentando assuntos de tantas áreas científicas diferentes, não sendo especialista, e, aparentemente, valendo-se da leitura de obras daquele campo e também de grande capacidade de análise e de observação crítica.

Os animais vêm ao mundo só com placa ROM ("read only memory" – memória para leitura somente), em que vêm gravados os instintos, que preservam (ou buscam preservar como prioridade) a vida. Praticamente sem RAM ("random access memory" – memória gravável, de acesso randômico, aleatório), ou é uma placa diminuta, traduzida em pouca capacidade de aprender (ou de escrever algoritmos nela). Os animais respondem a estímulos. Eles respondem ao estímulo que tiverem no momento. Sem grande capacidade de estabelecer, por exemplo, um plano de ação prévio a ser executado quando o sol aparecer como fazemos.

Nós, humanos, temos nossa ROM (afinal, temos os nossos instintos; agimos instintivamente também), mas a RAM é de tamanho ilimitado, na qual vamos registrando nossa experiência, nossa aprendizagem, nossas vivências, nossas idiossincrasias e, com os convencimentos que vamos firmando ao longo da vida, nossos valores e nosso caráter. Isto nos capacita até a dar resposta aos instintos de forma diferente do que está registrado na ROM. Além da liberdade (o livre-arbítrio), temos inteligência e consciência. Com a inteligência, temos capacidade de raciocínio abstrato, de expressar-nos por meio de linguagem e capacidade de resolver problemas.

Voltando ao artigo de Harari: ele afirma que a narrativa liberal é falha, pois não fala a verdade sobre a humanidade. O que, precisamente? O artigo apresenta esta lacuna, não menciona qual é a verdade não revelada. Mas ele reconhece que ainda é fundamental para manter a ordem global.

A vantagem do liberalismo é a flexibilidade; não é dogmático. Aceita "críticas melhor que qualquer outra ordem social". Tem resistido às suas crises desde a I Guerra Mundial.

Ele afirma que o liberalismo, por se basear na crença da liberdade humana, se funda em algo que não é uma realidade científica: o livre-arbítrio; ele o considera "um mito herdado da teologia cristã". Para falar em Deus, ele primeiro cita os teólogos.

Afirma que o livre-arbítrio é uma ideia criada pelos teólogos, com a qual explicam por que Deus pune os pecadores por suas escolhas erradas, e recompensa os santos pelas boas decisões que tiverem tomado na vida.

Como não menciona Jesus Cristo em seu artigo e fala depreciativamente da Bíblia (seria mero livro de histórias), não reconhece historicamente sua existência. E se não reconhece Cristo, perde-se com esta atitude sua mensagem: a felicidade do cristão é fazer o outro feliz.

Para ele, são os teólogos os responsáveis por conceber toda a base da Igreja Católica, a ideia do "livre-arbítrio de nossas almas eternas", independentes de "quaisquer restrições físicas ou biológicas".

Ele ignora que a Igreja Católica tem uma trindade como seus pilares (seguindo a ideia da trilogia publicada pelo professor Felipe Aquino, da Canção Nova – o que vem aspado em seguida são títulos da trilogia): 1) a "Sagrada Escritura" (a Bíblia), 2) o "Magistério Sagrado" (os homens que a compõem, o Papa, os cardeais, os bispos, os padres, os fiéis) e 3) a "Tradição Sagrada" (a palavra de Deus, confiada por Cristo, que é transmitida aos sucessores dos Apóstolos).

O argumento de Harari é forjado, ignorando o que lhe é conveniente. Por que ignora Cristo? Ele quer dizer que não existiu? É personagem fictício? Ora, provavelmente trata-se de não ter que falar o que não seria apropriado à sua tese. É semelhante ao comportamento do cientista antiético que, ao propor uma teoria, não registra as situações em que ela falha para não desmerecê-la. É um pouco o que faz Harari com sua posição em relação ao livre-arbítrio e o argumento de que é irreal porque o humano não pode deixar de herdar caracteres de sua ascendência. O fato de carregar o fardo da herança elimina o livre-arbítrio porque já o condiciona.

Para ele, a teoria da seleção natural de Charles Darwin (1.809-1.882) sempre prevalece. Ah, mas nem tudo vale! O que não é conveniente para seus argumentos, não vale. Deduz-se que um humano havia de nascer sem ligação com ninguém que o gerasse, sem ter pai, sem ter mãe para que o livre-arbítrio existisse. A ideia implícita não seria para o mundo em que vivemos: os filhos nascem com características dos pais, com base na união dos pais. Talvez em outra galáxia, quem sabe? Como seria o nascimento de um ser se não a partir de junção de dois gêneros (masculino e feminino; macho e fêmea), para que não haja a determinação reclamada por Harari como limitador do livre-arbítrio?

Segundo ele, o "mito" do livre-arbítrio "pouco tem a ver com o que a ciência nos ensina agora sobre o Homo sapiens e os outros animais".

No livro "Homo Deus: uma breve história do amanhã" (2.016), Harari é explícito (p. 286):

– *"No decorrer do século passado, quando os cientistas abriram a caixa-preta do Sapiens, não acharam lá nem alma, nem livre-arbítrio, nem um ´eu´ – somente genes, hormônios e neurônios, que obedecem às mesmas leis físicas e químicas que governam o resto da realidade".*

Será que, com estas palavras, Harari quer dizer que a alma, o livre-arbítrio ou o ´eu´ são elementos concretos que deveriam ser encontrados em processo de dissecação? Para ele, tudo é concreto?

Adiante ele comenta a seguinte situação: quando estudiosos buscam a explicação para um homem puxar uma faca e apunhalar mortalmente alguém, a resposta não pode ser "porque ele fez essa escolha"; para ele, esta resposta não é suficiente.

A resposta que lhe apraz é a que dariam geneticistas e neurocientistas, com muito mais detalhe (p. 286):

– Ele fez isso devido a tais e tais processos eletroquímicos no cérebro, que foram configurados por uma formação genética específica, que é o reflexo de antigas pressões evolutivas aliadas a mutações casuais.

A presumível resposta de geneticistas e neurocientistas não dá conta das circunstâncias em que os processos eletroquímicos são desencadeados. Pergunto eu: eles surgem do nada?

Harari afirma (p. 286) que "os processos eletroquímicos no cérebro que resultam em assassinato são ou determinísticos ou aleatórios, ou uma combinação dos dois – mas nunca são livres".

Ora, esta afirmação ignora por completo as circunstâncias para ocorrência do evento. Os processos eletroquímicos podem ter sido desencadeados pelo instinto de preservação do indivíduo diante de uma ameaça que lhe pareça real. A circunstância da ameaça precisa existir, senão teríamos que admitir como normal que alguém saísse apunhalando quem encontrasse pela frente como evento determinístico. A aleatoriedade poderia ocorrer, mas desencadeada por ameaça. Portanto, o que Harari refere no exemplo diz respeito a instinto, que todo animal tem. Para haver uma resposta do cérebro, é preciso que haja um estímulo. Não quer isto dizer que eu não aja livremente. Por aqui, o argumento de Harari se perde.

Na sua insistência para dizer que não somos livres, que não há o livre-arbítrio, ele acrescenta (p. 288):

– *"Você poderia replicar que, ao menos no caso de grandes decisões, como a de assassinar um vizinho ou eleger um governo, minha escolha não reflete um sentimento momentâneo, e sim uma longa e racional contemplação de argumentos de peso. No entanto, há muitos trens de argumentos em que eu poderia embarcar, alguns dos quais farão com que eu vote nos representantes da direita, outros naqueles de esquerda, outros ainda nos partidos de centro, ou simplesmente eu resolva ficar em casa. O que me fez embarcar num trem de raciocínios e não em outro? Na estação que existe em meu cérebro, posso ser compelido por processos determinísticos a entrar num determinado trem de raciocínio, ou posso embarcar aleatoriamente. Mas não escolho ´livremente´ ter os pensamentos que me farão votar em alguém de direita".*

Luta inglória de Harari para provar que não somos livres! Aceitando a metáfora do trem de raciocínios, pergunto: como o trem se forma? Não é pelo encadeamento de decisões que vamos tomando a cada momento, e, assim, as convicções se vão firmando no nosso íntimo, sempre com base em nossas circunstâncias, em nossas vivências, em nossas experiências – que são únicas, minhas, que não são de mais ninguém?

Ele diz que a crença no livre-arbítrio é resultante de "uma lógica defeituosa". Em um experimento que menciona no livro, uma pessoa posta dentro de um scanner de cérebro tem em cada mão um interruptor; ela é orientada a acionar um dos dois interruptores, se tiver vontade; observando a atividade neural do cérebro, é possível prever qual dos dois interruptores será acionado bem antes de a pessoa ter consciência de sua intenção, pois

> quando uma reação em cadeia bioquímica me faz querer apertar o interruptor da direita, eu sinto que realmente quero apertar o interruptor da direita. E isso é verdade. De fato, eu quero apertá-lo. Mas as pessoas chegam

equivocadamente à conclusão de que, se quero apertá-lo, é porque eu *escolhi* querer isso. Isso é falso. Eu não escolho minhas vontades. Eu apenas as *sinto* e ajo de acordo (p. 288-289).

Ora, o que faz disparar a reação em cadeia bioquímica, senão que a vontade da pessoa? A reação ocorre sozinha? Certamente, não. O leitor imagina o que ocorreria se não houvesse dentro de nós um senhor que conduz cada ação – a nossa vontade, o livre-arbítrio –, por mais que haja aqui e ali alguma involuntária, pré-programada, como ocorrem com os reflexos condicionados?

Voltando ao texto do artigo. Ele reconhece que os humanos têm um arbítrio, "mas ele não é livre". Os humanos fazem escolhas, mas "nunca" são escolhas independentes porque são determinadas pelos genes, pela bioquímica, pelo gênero, pelo contexto familiar, pela cultura nacional, etc. Ele afirma: "eu não escolhi quais genes ou qual família ter". Ao não reconhecer o fato de o humano herdar carga genética da sua ascendência, ele contraria a base da criação. Negar o livre-arbítrio com este argumento é claro exagero. Ele diz que fazemos algumas escolhas: "o que comer, com quem me casar e em quem votar". Mesmo estas escolhas, segundo ele, decorrem de determinações que nos escapam. Que acha disso o leitor? Não é forçar demais usar este argumento para negar o livre-arbítrio, como se não pudéssemos fazer o que quisermos com nossa vida, para o bem ou para o mal? O fato de surgir um pensamento em nossa mente sem que tenhamos feito uma escolha livre não impede que o rejeitemos e decidamos pensar ou fazer outra coisa completamente diferente. O fato apontado não abona a inexistência do livre-arbítrio. É uma simplificação considerável que invalida o argumento.

É de José Ortega y Gasset, filósofo espanhol (1883-1955), a frase: "o homem é o homem e a sua circunstância". Como dissociar o homem das suas circunstâncias: seu território de nascimento, seus pais, seus familiares, seus vizinhos, etc.? Diante de nossas circunstâncias, com o livre-arbítrio, vamos fazendo nossas escolhas. Em série. Até chegar a última.

Muito curiosa a forma como Harari termina seu artigo. Depois de dizer que "debater sobre a Bíblia era um assunto quente na época de Voltaire, ...". O assunto a debater, segundo ele, é a inteligência artificial e a bioengenharia, que "têm a ver com a mudança de curso da própria evolução, e só dispomos de umas poucas décadas para descobrir o que fazer com elas". Aí reforça, depois de dizer que não sabe de onde virão as respostas, "mas definitivamente não será de uma coleção de histórias escritas milhares de anos atrás". Claro, ele se refere aqui à Bíblia, com seu Antigo e Novo Testamento. E que faz então ele, que apontei no início deste parágrafo como curioso e, ao mesmo tempo, acrescento agora, muito engraçado? Como historiador, em vez de buscar ensinamento na História – sim, por que não na Bíblia? – Harari recorre à mitologia grega para extrair ensinamento importante: "mortais gostam de que (sic) seus filhos brilhem mais que eles". O que ele conta: Zeus e Poseldon, ambos deuses, disputam a mão da deusa Thetis; porém, havia a profecia de que Thetis teria filho mais poderoso do que o pai e, por isso, eles desistiram, pois deuses duram para sempre e não admitem um descendente mais poderoso do que eles; em razão disso, Thetis casou com o rei Peleus (mortal), e teve como filho Aquiles. Como os autocratas desejam perpetuar-se não incentivam ideias capazes de tirá-los do poder. Mais uma vantagem da democracia liberal: novas visões são bem-vindas, sempre. Mesmo que questionem seus fundamentos.

INCLUDENTE

Lendo uma portaria do INEP a respeito do curso de graduação em Pedagogia, encontrei a palavra do título desta nota. Fiquei em dúvida da sua existência, pois não lembrava nenhuma situação de tê-la lido. Associei logo com o antônimo: excludente, que já empreguei diversas vezes. Se existe excludente, por que não "includente"?

Para ver outra palavra, fui ao Houaiss e aí lembrei a questão do antônimo de excludente. Constatei que inexiste a palavra includente. O legislador do INEP empregou "...sociedade includente, ..." porque provavelmente leu ou empregou "... sociedade excludente...". Por conseguinte, ele deveria ter escrito "...sociedade inclusiva...". Confirmei no "Vocabulário Ortográfico da Língua Portuguesa", 5ª edição, publicado em 2.009 pela Academia Brasileira de Letras, que lista as "344.440 palavras usadas no português culto contemporâneo do Brasil" (como consta da apresentação da 4ª edição – na mesma obra). As palavras de tal raiz que aparecem no vocabulário são: incluído, incluir, incluível, inclusa, inclusão, inclusiva, inclusive, inclusivo, incluso.

Já percebi que alguns estudantes fazem associação semelhante em certos casos, que acabam por levar a erro. Por exemplo, ao ver que a palavra "embaixo" é assim escrita em uma palavra, ao precisar escrever "em cima", que faz o aluno? Escreve "encima" (errado). Ou então pegando pelo inverso: ao ver que "em cima" se escreve assim, ele precisa escrever "embaixo", que ele faz? Escreve "em baixo" (escrita errada).

OBJETIVO DA EXISTÊNCIA

Encontro em "Homo Deus: uma breve história do amanhã", de Yuval Noah Harari, Companhia das Letras, 2.016, as seguintes citações de Wilhelm von Humboldt, diplomata e filósofo alemão, fundador da Universidade de Berlim, 1.767-1.835, considerado o criador da universidade voltada para a pesquisa:

– O objetivo da existência é a "destilação da mais ampla experiência de vida possível para formar sabedoria".

– "Só existe um ponto culminante na vida – ter tomado as providências necessárias para sentir tudo o que é humano".

Harari afirma que a última frase poderia ser o lema do humanismo (valorização do ser humano, sem apelo à religião; antropocentrismo em lugar do teocentrismo).

A PRAGA DA DISTRAÇÃO[16]

Em uma nota passada, me referi ao telefone celular como "a praga da distração".

Como diz o professor Sílvio Meira (UFPE), tecnologia não tem caráter; se é boa ou má, isto depende do uso que se faz dela.

Ninguém pode negar o valor dos smartphones. Mas que está predominando o mau uso, isto está. E olhe que não é o que tem levado à "tech neck" – o engelhamento precoce do pescoço com reflexos para a coluna pela quantidade de horas com a cabeça encurvada. É o desperdício de tempo, mesmo.

Ainda está por ser quantificada a perda de tantas horas pelo uso excessivo do celular: a distração que acomete usuários menos atentos, e que não o largam de jeito nenhum.

Convivo com um destes usuários: já notei que afeta sua percepção nas conversas; seu registro dos assuntos tratados é truncado, o que lhe leva a tomar decisões erradas por ter ficado com informação parcial.

Decisão que acaba por cobrar tempo adicional até ser desfeita ou corrigida. Qual foi a origem do desperdício de tempo? A praga da distração a que me referi.

JUSTIÇA A JATO, SÓ PARA ALGUNS

Ministro Toffoli despacha a jato projeto que autoriza o ex-presidente Lula a ver familiares em unidade militar em São Paulo depois do enterro do irmão.

---

[16] Nota extraída de "Um Pouco da Minha: Novos Casos e Percepções", livro de crônicas lançado em 2.018.

Um advogado perguntou no Facebook como se faz para um processo chegar menos de 24 horas depois ao STF. Ele perguntou como explicar para uma pessoa qualquer por que a mesma Justiça, mais de três anos após não conseguiu pagar nenhuma indenização às famílias da tragédia de Mariana (ocorrida em 5/11/2.015).

Momentos depois de escrever a nota, li que o ministro se desculpou porque as vítimas de Mariana e da boate Kiss (tragédia de seis anos atrás, madrugada do dia 27/1/2.013) não tiveram Justiça ainda.

O STF precisa pedir desculpas, reiteradas desculpas. Aliás, precisa viver pedindo desculpas, pois os casos de Justiça não feita são incontáveis.

SENADO DEPURADO

A briga política do senador Calheiros pela votação secreta dá a certeza de que ele precisa que esta seja a forma de votação do presidente do Senado para ter sucesso. Seus eleitores precisam esconder-se, têm vergonha de ser identificados. O senador Calheiros e grande parte de seus eleitores sabem que serão criticados pelos eleitores pela escolha.

Aí vem o presidente do Supremo e determina esta ignomínia: uma forma de votação que esconde da plateia em quem o eleitor votou, contrária à forma como a maioria dos senadores acha correto. Cinquenta senadores optaram pela votação em aberto. Os eleitores alagoanos do senador Calheiros têm todo o direito em mandá-lo ao Senado Federal como representante, mas o restante do Brasil não precisa ter a mesma opinião.

O senador alagoano, com seus quinze processos no STF, é o tipo do político que o povo quer ver longe do Congresso, principalmente em posto de decisão, onde pode continuar sua atuação prejudicial ao país, com destaque para as mais diversas formas de corrupção, fato comprovado pela quantidade de processos a que ele responde na Suprema Corte, e que ela, com sua morosidade, insiste em não concluir.

O Senado começa mal a legislatura. O STF, com sua interferência, e parcela de senadores, parece, não notaram nada de diferente na manifestação das urnas. O povo não tolera mais tanta corrupção. O povo não tolera mais tanta impunidade. O povo não tolera mais ser enganado como tem sido.

Onde o senador Calheiros está com a cabeça ao reclamar com o povo por ter feito renovação considerável no quadro de senadores que precisou renovar o mandato?

QUE É UMA STARTUP?

Extraído e adaptado de meu livro "Empreender é a Questão", publicado em 2.018.

Startup é uma pequena empresa, em fase de afirmação, com atuação na área de tecnologia, mas cujos produtos se encontram em fase de aperfeiçoamento e cujos clientes são identificados e contatados. O objetivo principal da *startup* é consolidar-se, seja pela conclusão do seu produto ou pela formalização do seu serviço e pela conquista de clientela que a viabilize.

O nome *startup* popularizou-se por ocasião da chamada bolha da internet, evento especulativo ocorrido no fim da década de 1.990, com alta das ações das empresas "ponto com" – empresas de tecnologia baseadas na internet.

Características das startups

Além de ter base tecnológica, as *startups* têm como característica a proposta de um modelo de negócio inovador – escalável, de baixo custo, com base em ideia inovadora. Modelo escalável é aquele que se pode reproduzir repetidamente em grande quantidade, com ganho de produtividade, sem aumentar significativamente os custos de operação. Apesar de mais frequentes na internet, as *startups* podem existir em qualquer área.

Uma dificuldade presente em qualquer negócio em fase inicial de consolidação é a questão dos investimentos para instalação. Não poderia ser diferente com as *startups*, em que a incerteza é grande. Afinal o modelo de negócio encontra-se em formalização. Neste caso, o investimento é considerado de alto risco. Existem investidores que prospectam oportunidades para incentivar, analisando os modelos de negócio propostos pelos empreendedores. Entre os apoiadores das *startups*, estão também as incubadoras e as aceleradoras. As incubadoras oferecem suporte (de infraestrutura e gerencial) para o desenvolvimento de ideias das *startups*. As aceleradoras oferecem processo de inscrição para seleção dos projetos a serem apoiados, com direito a financiamento, em troca de participação em cotas ou acionária.

Ferreira (2017), em seu trabalho de conclusão de curso de graduação em ciência da computação, intitulado "Meta-startup: uma Metodologia para o Desenvolvimento de Startups", implementou um aplicativo para suporte à gerência e ao desenvolvimento de ideias que possam tornar-se startups. Ferreira destaca a importância da existência de um ecossistema que estimule o desenvolvimento empresarial e promova a inovação como fundamento. Isto impulsiona o amadurecimento do empreendedor.

Ele cita como exemplos de ambientes com esta característica o Vale do Silício (Estado da Califórnia, Estados Unidos) e a cidade de Tel Aviv (Israel). Aliás, Israel é considerado o paraíso das *startups*; para ratificar esta posição, ocupa segundo lugar (atrás da China) entre os países com maior em número de empresas na Nasdaq (a bolsa americana para empresas de tecnologia).

No Brasil, o polo tecnológico de Campinas, o parque tecnológico Porto Digital (Recife), o San Pedro Valley em Belo Horizonte, o

Sapiens Parque em Florianópolis, o parque tecnológico da UFPA em Belém, dentre outros.

Exigências do modelo startup

Há necessidade de um paradigma gerencial para tratar das *startups*, e que leve em conta as particularidades da proposição de um produto inovador, ainda em consolidação, atrás até de identificar claramente quem são seus clientes.

Steve Blank & Bob Dorf (2014) *apud* Ferreira (2017) apontam que as empresas lançavam seus produtos no mercado, durante o século XX, seguindo modelo padrão de gestão de produto, composto das seguintes fases: conceito, desenvolvimento do produto, teste alfa/beta, lançamento da primeira versão. Na fase de concepção, clientes potenciais do produto são consultados para obter-se o "conceito" do produto que os clientes desejam. Esta abordagem não é aplicável às startups pelo fato de os clientes inexistirem, como também não há marca lastreada no mercado por trás do produto para sustentá-lo.

Não é difícil presumir que a mortalidade de startups (assim como acontece com microempresas) seja grande e a maioria delas desaparece depois de pouco tempo, em vista de não conseguirem reunir a clientela que as tornem lucrativas. Eric Ries (2012) apud Ferreira (2017) afirma que, para um caso de sucesso, há inúmeros registros de fracasso.

Definição de startup

Steve Blank & Bob Dorf (2014) *apud* Ferreira (2017) afirmam que *startup* é uma empresa que ainda se encontra em busca de um modelo de negócio que seja viável, repetível e escalável. Eles acrescentam ainda como característica – ser inovadora; mas não só inovadora, que seja disruptiva, ou seja, que provoque ruptura de padrões, modelos ou tecnologias estabelecidas no mercado. As incertezas normalmente associadas às startups são: existem clientes para o produto em número que o torne lucrativo, o modelo em si é lucrativo, o modelo é repetível facilmente.

Startups e aplicativos móveis

A expansão dos dispositivos móveis em decorrência da evolução tecnológica fez com que houvesse a consolidação das plataformas móveis. Isto tem propiciado que as organizações busquem ferramentas de apoio estratégico a seus negócios por meio desta plataforma.

Dentre as diversas aplicações que alcançaram enorme sucesso nesta plataforma, citam-se: Uber, Waze, Instagram, WhatsApp, NuBank (Ferreira, 2017).

Startups brasileiras de sucesso

Easy Taxi, Skoob (rede social de leitores), Hotmart (plataforma de produtos digitais), Méliuz (clube de viagens), OrçaFascio (orçamentação de obras de construção), dentre muitas outras.

Informação adicionais a respeito da *startup* OrçaFascio, extraídas de entrevista que os idealizadores concederam ao site Projetodraft.com (Dalmolin, 2017): pude acompanhar desde o início há seis anos as várias etapas por que passou a empresa, administrada por Antonio Fascio e Fábio Santos; eu os conheci na Faculdade Atual, em Macapá/AP, e reconheci desde logo que chegariam longe com seus sonhos (e com a capacidade de realizá-los) e devido à excelência de seu produto.

Hoje, o OrçaFascio é o maior site de orçamentação de obras de construção civil do país, com 47 mil usuários cadastrados; a taxa de crescimento é de 135% ao ano. Dentre os clientes da OrçaFascio, incluem-se instituições de grande porte e reconhecidas nacionalmente, como Infraero, Embrapa, Sabesp, Exército Brasileiro. A startup já tem parceiros que comercializam sua tecnologia em Angola, Portugal e Estados Unidos.

ABUSO DE PRERROGATIVA

Ambulância em alta velocidade, sirene ligada, em contramão, pondo terceiros em perigo. Repórter tenta seguir o veículo na expectativa de registrar alguma ocorrência importante para o jornal do dia seguinte.

O jornalista atravessa parte da cidade até alcançar rua do subúrbio lutando para não perder de vista a ambulância. Finalmente o veículo para, a sirene é desligada. Não havia nenhum socorro a prestar. Seu motorista desce, e dirige-se à sua casa para almoçar.

A IMPORTÂNCIA DA VISÃO DE FUTURO

Dado a importância deste conceito, extraio de meu livro "Empreender é a Questão" o capítulo que trata do assunto. Cada pessoa precisa ter sua visão de futuro de algo significativo para si ou para outrem. A busca da concretização da visão norteia as ações da pessoa no cotidiano.

A visão de futuro é a imaginação de algo significativo para realizar que exija um bom período de tempo e o trabalho esforçado no sentido de concretizar o que foi engendrado, ideado. A visão de futuro tem a ver com pessoas. Pode ser uma visão pessoal, de um grupo ou de uma família, de uma cidade, de um país, até de um continente. Quando sai do plano individual, exige a adesão de pessoas que se convençam da sua importância e aceitem trabalhar para realizá-la. A importância do conceito reside no fato de que para alcançá-la, são exigidos anos de trabalho, persistência e estudo sistemático. Desse modo, a visão de futuro não é algo que se realize de um dia para o outro.

Um exemplo de visão de futuro pessoal é aquele formulado pela criança ao dizer o que quer ser quando crescer. Claro que isto vai mudar ao longo do tempo. Ela pode passar de uma visão para outra, à medida que cresce.

Outra visão de futuro pessoal é obter um título de graduação quando se está no ensino fundamental ou médio. Ou obter um título de doutor em dada área de conhecimento, quando se iniciou a graduação, por exemplo.

Quando várias visões tiverem sido formuladas, é preciso concentrar-se na mais próxima, temporalmente. E aí manter trabalho obstinado e foco para realizá-la. O alvo deve ser necessariamente ambicioso, mas factível.

Exemplo de visão de futuro de um grupo pode ser aquela proposta por uma família, por um grupo religioso, por um clube, por um município, por um estado, por um país. Nestes casos, há necessidade de um líder que proponha ou conduza a formulação da visão e que a mantenha de pé até a sua concretização, que trabalhe para não haver dispersão do grupo. A escolha de um prefeito, de um governador, de um presidente, a partir de seu plano de metas, pode assumir o papel de uma visão para o grupo relacionado, desde que o político seja capaz de concretizar o plano; isto exige que ele tenha capacidade de liderança para galvanizar as forças do país para a realização do planejado. Com frequência, são investidos nestes altos cargos de governo quem julga que a "decisão política" de fazer algo é suficiente. Não é. Sem capacidade gerencial, sem capacidade de liderança, ele não terá sucesso. Voluntarismo não basta.

A concepção do Mercado Comum Europeu é um exemplo de visão de futuro aplicada a um continente. Imagine o esforço realizado pelos países europeus que assumiram a construção de um mercado único para o continente, com uma única moeda, com isenção de tarifas alfandegárias para os produtos industriais, com livre circulação dos produtos agrícolas da área, com proteção contra produtos provenientes de outras áreas, com constituição de um parlamento europeu com representantes eleitos pelos países para decidir sobre as questões comuns. Foi o que ficou estabelecido pelo Tratado de Roma, assinado em 25 de março de 1.957, pela França, Itália, Alemanha Ocidental, Bélgica, Holanda e Luxemburgo.

Hoje, a União Europeia é constituída de 27 países; o Reino Unido, que já não tinha sido signatário inicial, saiu da União em referendo realizado em 23 de junho de 2.016. Esta saída foi chamada de BRexit (Saída da Grã-Bretanha).

Deve ter ficado claro por que a ideia de visão de futuro é apresentada em um livro sobre empreendedorismo. Isto mesmo! Porque se tornar empreendedor é um bom exemplo de visão de futuro. Não se consegue sem, por exemplo, determinação, conhecimento em administração de negócios, identificação de uma área de atuação, criação de produto ou serviço a ser oferecido para clientela dessa área interessada ou com potencial de interessar-se por este produto ou serviço, obtenção dos recursos necessários para iniciar o empreendimento. E persistência diante de obstáculos que aparecerem.

Uma frase de Barker (2002), muito citada, e que define bem visão de futuro: "uma visão sem ação não passa de um sonho; ação sem visão é só um passatempo; visão com ação pode mudar o mundo".

A visão de futuro pode ficar como um sonho se não houver busca pela sua realização. Portanto, as ações do presente são direcionadas e determinadas pela visão. As grandes realizações humanas decorreram de visões de futuro em que, após a formulação, um líder encarregou-se de reunir os meios necessários e trabalhou para superar os obstáculos encontrados, até sua concretização.

Barker (2002) afirma que a visão nunca é expressa em números. Para uma empresa, a visão não seria, por exemplo, o retorno sobre o investimento feito, o alcance de um dado índice de lucratividade. Números como estes expressam, no máximo, consequências de uma visão não determinada.

Barker (2002) afirma ainda: "As nações ascendem e declinam com suas visões de futuro. Isto tem sido verdade desde os primórdios da história documentada".

Dois exemplos podem ser citados aqui: o reerguimento do Japão após a Segunda Grande Guerra, a partir de visão de futuro mobilizada pelo Imperador Hirohito. O mesmo aconteceu com a Alemanha, depois de ter sido dizimada na Segunda Guerra Mundial, até chegar ao posto de primeira potência econômica europeia.

Características da visão de futuro

Barker (2002) aponta quatro características que as visões precisam ter:

1) *Iniciação pela liderança* – um líder confiável, com capacidade de mobilização e aglutinação de forças é importante para fazer com que a visão seja mantida e o pessoal coeso, até sua concretização, superando os obstáculos que aparecerem;

2) *Compartilhada e apoiada* – a visão precisa ser assumida pelo grupo, formando a comunidade da visão;

3) *Abrangente e detalhada* – a visão deve ser algo relevante e significativo para a sociedade, para a comunidade; deve ser detalhada de forma que os passos que levam ao seu alcance sejam passíveis de identificação;

4) *Positivas e inspiradoras*: a visão deve ser positiva no sentido de que beneficie a sociedade, a comunidade; que a inspire na busca da sua concretização.

No seu vídeo, Barker apresenta a seguinte metáfora: há um rio, de correnteza forte, que precisa ser atravessado para alcançar a outra margem. Lançar-se à água fará com que a pessoa chegue à outra margem, sabendo nadar; ela terá que lutar contra a correnteza, que a vai levar para um ponto distante no outro lado. Se houvesse uma corda amarrada a uma árvore na outra margem que a pessoa pudesse segurar enquanto atravessa, certamente ela a alcançaria com maior facilidade, no ponto desejado. Nesta metáfora, a visão de futuro seria a corda que garantiria a travessia com mais facilidade para o ponto desejado na outra margem.

A visão de futuro deve ser clara para toda a comunidade de participantes de uma organização. Cada um precisa ter ciência de como sua participação diária pode ajudar a concretizá-la, e estar motivado para atuar nesta comunhão de esforços.

A visão, assim como a missão institucional, não deve ficar recolhida nos planos organizacionais. Devem ser colocadas em quadro e afixadas em lugar visível nas dependências da empresa, para que todos as tenham sempre presente.

Missão, princípios e visão de futuro

Para dar clareza a estes conceitos, baseado em documento oficial da UFPA (seu Plano de Desenvolvimento Institucional 2.016-2.025), são apresentados adiante a missão da UFPA, os princípios que balizam esta missão e a visão de futuro institucional (Ufpa, 2016).

A missão de uma organização é a sua razão de existir. É uma frase que expressa um compromisso que a organização manifesta hoje.

Para isto, alguns princípios são listados; eles pautam a realização da missão. Pelo que está exposto abaixo, a missão da UFPA é formar cidadãos capazes de construir uma sociedade inclusiva e sustentável, tendo como base a produção, a socialização e a transformação do conhecimento na Amazônia. Sociedade inclusiva é aquela que não ignora nenhum dos segmentos que a compõem. Sociedade sustentável é aquela cujo desenvolvimento se mantém ao longo do tempo, preservando seus recursos em vista das futuras gerações.

Portanto, a missão está associada ao que a organização é hoje e sempre, é imutável; os princípios norteiam a realização da missão.

Já a visão de futuro, por óbvio, está associada ao que a organização não é hoje, mas deseja ser no futuro. E, para isso, pretende trabalhar arduamente para alcançar.

Por exemplo, a visão de futuro da UFPA (detalhada adiante) é "ser reconhecida nacionalmente e internacionalmente pela qualidade no ensino, na produção de conhecimento...". A UFPA tem este reconhecimento nacional e internacional? Longe disso. Observe que o reconhecimento desejado é muito difícil de ser conseguido. Trata-se de uma boa visão por expressar algo de grande importância, que potencializará a sua própria missão. A concretização da missão (se ocorrer) precisa envolver toda a organização – alta administração, professores, alunos, técnicos e pessoal administrativo – cada um dando o máximo do seu trabalho, contando com recursos financeiros e materiais, com práticas de gestão atualizadas, com tecnologia apropriada para racionalização dos processos e maximização dos resultados.

Missão institucional da UFPA

"Produzir, socializar e transformar o conhecimento na Amazônia para a formação de cidadãos capazes de promover a construção de uma sociedade inclusiva e sustentável" (Ufpa, 2016, p. 31).

Talvez se pudesse acrescentar à missão da UFPA, explicitamente, *"Produzir, socializar e transformar o conhecimento na Amazônia e sobre a Amazônia",* pois, como principal instituição da Região Amazônica carrega este compromisso de berço, que a tornaria referência pela importância da Amazônia para o mundo. Afinal, faz sentido que a principal instituição de pesquisa da Amazônia não seja a maior produtora de conhecimento sobre a Região? Fica a minha sugestão aqui registrada.

Princípios da UFPA

Estes são os princípios balizadores da missão da UFPA (Ufpa, 2016, p. 32):

- A universalização do conhecimento;
- O respeito à ética e à diversidade étnica, cultural, biológica, de gênero e de orientação sexual;
- O pluralismo de ideias e de pensamento;
- O ensino público e gratuito;
- A indissociabilidade de ensino, pesquisa e extensão;
- A flexibilidade de métodos, critérios e procedimentos acadêmicos;
- A excelência acadêmica;
- A defesa dos direitos humanos e a preservação do meio ambiente.

O conhecimento produzido é publicado em benefício da sociedade, salvo, claro, os casos em que haja alguma restrição por exigência de registro de patentes ou em projetos de pesquisa em que haja conveniência de privacidade.

O estágio civilizatório atual impõe o respeito à ética e a convivência e a aceitação da diversidade de toda natureza. Da mesma forma, a pluralidade de correntes de pensamento, a defesa dos direitos humanos e a preservação do meio ambiente são valores intrínsecos desse estágio.

Com relação a consignar "ensino público e gratuito" como um princípio é questionável. O nível universitário é a prioridade da educação no país? Não deveria ser pela leitura da realidade: ela aponta educação básica precária e deficiente por todas as leituras que se façam. Portanto, pôr como princípio "ensino público e gratuito" é da conveniência da instituição, mas é contrário à racionalidade, em razão da carência de recursos para a educação pré-escolar e para a educação básica. Como há escassez de recursos, a prioridade deveria recair nos níveis inferiores. Então, como as universidades públicas seriam mantidas? Ora, elas que encontrem formas de sobrevivência.

Os pilares da universidade são o ensino, a pesquisa e a extensão. O conhecimento a ser ensinado deve provir da pesquisa; e este conhecimento deve ser levado à sociedade por meio de atividades extensionistas, nas suas diversas modalidades (publicações, cursos, eventos, envolvimento em projetos).

Ter como princípio a flexibilidade e a busca da excelência no que faz é exigência da administração moderna.

Da mesma forma, para que a formulação de missão, de seus princípios norteadores e da visão de futuro não constitua puro modismo gerencial é necessário que haja instrumentos que possibilitem a verificação da distância organizacional em relação a estes alvos. E, com base nesta leitura, ajustes operacionais e gerenciais sejam realizados.

Visão de futuro da UFPA

"*Ser reconhecida nacionalmente e internacionalmente pela qualidade no ensino, na produção de conhecimento e em práticas sustentáveis, criativas e inovadoras integradas à sociedade*" (Ufpa, 2016, p. 33).

Para merecer o reconhecimento nacional e internacional nos quesitos relacionados (qualidade no ensino, produção de conhecimento e práticas de integração à sociedade), a UFPA precisa sobressair nos exames a que seus alunos sejam submetidos (ENADE, por exemplo) e a produção científica de seus professores deve ter o referendo dos principais periódicos e eventos, nacionais e internacionais. Por exemplo, na 14ª edição do *World University Rankings*[17], publicada em 05/9/2.017, com as mil melhores universidades de 77 países[18], somente 21 instituições brasileiras são relacionadas. A UFPA não aparece entre elas. A primeira universidade brasileira a aparecer na lista é a USP[19], assim mesmo na posição do grupo que vai de 251 a 300 melhores instituições (a partir da 200º, as universidades são agrupadas de 50 em 50) (Bermúdez, 2017).

Ora, para concretizar esta visão, não basta jogá-la no papel e esperar que ela se materialize por si mesma. Como de resto acontece com qualquer plano que se elabore: na medida em que as ações de planejamento foram bem executadas (escopo, estimativa e alocação dos recursos necessários, cronograma de trabalho), o plano foi aprovado, inicia-se a execução – tornar realidade o que foi planejado. Deve haver trabalho articulado para mobilizar todos os escalões da instituição para ocorrer alguma aproximação da sua realidade. Para não se tornar, como afirmado por Barker (2002), um mero sonho.

Com respeito à visão de futuro da UFPA, observe que ela não é quantificável, é qualitativa: "Ser reconhecida nacionalmente e internacionalmente...". Não há a medida do reconhecimento que se busca. Passado o tempo desde quando foi formulada, não há como avaliar se houve aproximação. É uma visão de conveniência, de acomodação institucional. Veja, por exemplo, que seria bem diferente se posta da seguinte maneira em plano estratégico em que a visão seria o alvo a atingir: "Ser reconhecida entre as dez melhores universidades do país pela qualidade no ensino, na produção de conhecimento...". No fim do período do plano, poder-se-ia avaliar se

---

[17] O ranking é feito pela *Times Higher Education* (THE), publicação britânica, especializada em avaliação do ensino superior.
[18] A lista é encabeçada pela University of Oxford (Reino Unido); em 2º lugar, a University of Cambridge (Reino Unido); em 3º, California Institute of Technology (EUA) e Stanford University (EUA).
[19] A 2ª universidade é a Unicamp; a 3ª é a UNIFESP.

a visão foi alcançada, e em que medida ocorreu. Se não foi alcançada, as estratégias executadas não foram eficazes em levar à concretização, e deveriam ser ajustadas.

Para ilustração, consideremos a missão, os valores (princípios) e a visão de um grupo empresarial que atua em vários segmentos, o principal dos quais a indústria do aço (GERDAU)[20]:

Missão: "*Gerar valor para nossos clientes, acionistas, equipes e a sociedade, atuando na indústria do aço de forma sustentável*".

Valores (Princípios):

- Ter a preferência do CLIENTE;
- SEGURANÇA das pessoas acima de tudo;
- PESSOAS respeitadas, comprometidas e realizadas;
- EXCELÊNCIA com SIMPLICIDADE;
- Foco em RESULTADOS;
- INTEGRIDADE com todos os públicos;
- SUSTENTABILIDADE econômica, social e ambiental

Visão: "Ser global e referência nos negócios em que atua".

Comentários sobre as informações: objetividade nas formulações. Como um grupo empresarial com ações negociadas em bolsa, a missão é gerar valor para os agentes envolvidos; os valores são expressos, concisamente. E a visão, na mesma direção, propõe atuação global e ser referência nos segmentos em que atua.

Questões:

1) Qual é a sua missão pessoal?

2) Quais os princípios balizadores da sua missão pessoal (seus valores – de que você não abre mão para realizar sua missão pessoal)?

---

[20] Gerdau.com.

3) Qual é a sua visão de futuro? Pense em como você imagina marcar sua existência no mundo.

4) Formule uma visão de futuro para a cidade de Belém/PA.

5) Formule uma visão de futuro para o Estado do Pará.

A RESPEITO DE DOAÇÃO DE LIVROS

Tenho recebido pedidos de doação de exemplares de meus livros. A resposta está pronta. Não faço doações, salvo em alguma especialíssima condição.

Ainda na UFPA, colega de turma me pediu exemplar de livro que eu tinha acabado de lançar. Mesmo fazendo a divulgação para recuperar o investimento feito na impressão (o pagamento pelo investimento do tempo de elaboração eu esperava ocorresse em segundo momento), doei a primeira vez. Em posterior lançamento, mesmo pedido feito. Nesta ocasião, falei que, como colega, ele deveria prestigiar-me com a compra, pois eu fazia a impressão com este fim. Ele manteve o pedido: afirmou que eu doasse; ele compraria o próximo. Nem precisaria contar o fim da história, pois todos deduzem: ele nunca comprou exemplar nenhum.

Já recebi informação de doutorandos (de fora do estado) que pretendiam utilizar um dos meus livros como referência e, para isso, pediam doação. Não é da minha índole a agressividade: respondi que podiam pegar a conta bancária no meu site (abfurtado.com.br), fazer o depósito de R$ 20, enviar o comprovante; eu enviaria o pdf em seguida. Se preferissem, poderiam adquirir na Amazon. Acrescentei a informação de ter trabalhado três a quatro anos na elaboração do livro, e esperava alguma recompensa pelo esforço.

Editoras do Sul do país têm feito contato para editar meus livros. Oferecem pontuação Qualis como atrativo para eu liberar os direitos de publicação. Como disse outro dia, deleto estes e-mails sem resposta. Uma das editoras que me havia contatado retornou com a pergunta se recebi seu e-mail: na nova investida, ainda havia a menção ao Qualis, mas o atrativo principal apresentado agora para despertar meu interesse era que eu teria meus livros à venda na Amazon. Fiz questão de responder este e-mail, dizendo que pontuação Qualis seria interessante, mas não era meu objetivo principal. Nem a colocação à venda na Amazon: meus livros já estão à disposição dos leitores na plataforma da empresa. Tenho até canal próprio para venda (abfurtado.com.br). Se tivessem interesse em publicar qualquer dos meus livros que fizessem proposta financeira para eu avaliar se cederia os direitos para publicação. Não me responderam.

Com meu afastamento das atividades na docência (à qual volto em situações eventuais e específicas), resolvi dedicar meu tempo à carreira de escritor. Como tal, os livros que tenho escrito e os que escreverei são para venda, estritamente para venda, como forma de recompensa ao meu trabalho, como qualquer profissional espera que ocorra com o fruto do seu labor.

Estabeleci três preços: os livros de didática custam R$20, os infantis R$ 10, quaisquer outros custam R$ 15. Há dois canais no momento de venda: meu site (abfurtado.com.br) e por intermédio da amazon.com.br.

UNIVERSIDADE PARA TODOS

Que faz uma pessoa, presumivelmente esclarecida, professor em instituição de nível superior, externar posição tão distante do que foi falado pelo ministro da Educação? Ainda lança mão da *hashtag* UniversidadeParaTodos, como se alguém pudesse ser contrário à ideia de que seria excelente se toda a população tivesse curso superior.

Nem li a declaração do ministro, colombiano e, talvez por isso, sem traquejo com a língua portuguesa, para entender o que ele quis dizer. Uma coisa é certa: se for mesmo contra a Universidade para todos, quem concordaria que ficasse no ministério.

A prioridade de qualquer governo federal (acertada, a meu ver) é o ensino básico, não é o ensino superior. Nos países desenvolvidos, a ênfase é na base da pirâmide. Em todo canto e em nosso país em especial, o ensino universitário é para poucos. Grande parte da população não tem acesso a este nível de ensino.

Que diz o professor no Facebook? O ministro disse que o governo defende universidade para a elite. Não, colega, ele não disse isto. Ele não pode ter dito isto. Se tivesse dito, se poderia dizer que se trata de um louco. Não permaneceria no governo nem mais um minuto. Tu estás fazendo leitura completamente errada, talvez por ser contrário ao governo. Esta posição não te deveria levar a distorcer os fatos a tal ponto, afinal tu és professor, de quem se espera capacidade de compreensão e, ao manifestar-se, fazê-lo com propriedade – é o que se espera de quem exercita a crítica, a reflexão, o estudo constante como qualquer professor. Ao comemorar com a publicação de foto de caloura de medicina, provavelmente estudante do ensino público, afirmando que é belo exemplo de superação. Vai ser sempre superação alcançar este estágio. Como não há vagas para todos, ser aprovado faz com que o estudante se junte à elite do país que alcança este nível de ensino. O caso ilustrado com a foto em nada contraria o que o ministro deve ter dito.

Se depois a estudante chegar à pós-graduação, fará parte de elite ainda menor. Entendeste agora?

Quem pode ser contrário à tua *hashtag*? Ninguém. Há recursos suficientes para isso? Não há, em lugar nenhum há. Não esqueço quando vi o discurso da ex-presidente Dilma no segundo mandato: o lema do governo seria "Pátria Educadora". Fiquei positivamente impressionado. Pensei comigo: agora, vai!

Dias depois, com a guinada que ela deu ao governo precisando fazer cortes no orçamento, levada pela limitação de recursos, vi que o lema ficaria naquela fala, não seria levado para a realidade. A área de Educação teve o maior percentual de corte: 30%. Pátria educadora? Não mais seria com a diminuição imposta de recursos.

Desta forma, os mais capazes, os mais aplicados são os que atingirão este estágio. Infelizmente muitos (a maioria) ficam pelo caminho.

Fico penalizado quando vejo posição semelhante de um professor, de quem se espera tenha as capacidades citadas acima. É possível avançar com professores assim?

Encontrei no dia 30/1/2.019 na coluna BR18 de **O Estado de S.Paulo** a explicação do ministro da Educação, Ricardo Vélez Rodrigues, para sua referência à universidade como destinada apenas a uma "elite intelectual". Ele disse que "a universidade tem que ser democrática". Todos que queiram entrar devem estar em "igualdade de condições para poder competir pelo ingresso". Para isso, ele defende que para democratizar a universidade é necessário que todos tenham ensino básico de qualidade. Destas palavras, tirar que o ministro disse que defende que a Universidade seja só para a elite é uma grossa manipulação, ou então, sem considerar o contexto, retirar uma frase para expressar uma posição negativa para o governo e repeti-la várias vezes para criar um fato. Sem ser fato.

PENSANDO EM QUALIDADE

Extraído e adaptado de meu livro "Empreender é a Questão", publicado em 2.018.

Os japoneses nos ensinaram que a qualidade pode ser conseguida com atitudes simples. Com a aplicação do método "5S", pode-se melhorar muito a gestão da qualidade. Esta abordagem mostra, de maneira clara, que a simplicidade é a grande meta a perseguir. Aplicando o que preceitua cada "S", atingiremos bom nível de qualidade nos produtos/serviços que desenvolvemos.

O princípio "Seiri" (senso de utilização) propugna que se tenha somente o necessário, na quantidade certa; o excesso deve ser descartado. Isto vale para itens estocados em geral como também para papéis e utensílios que não descartamos, com o temor de um dia utilizarmos. Ao cabo de um, dois anos, percebemos a inutilidade de ter conservado aquelas coisas. Benefícios: liberação de espaço; evitar compras desnecessárias.

O princípio "Seiton" (senso de arrumação) preceitua que devemos manter arrumadas nossas ferramentas de trabalho, nossos livros, CDs, DVDs, revistas. Deve haver "um lugar certo para cada coisa, e cada coisa deve ser mantida no seu lugar". Veja: quanto não se ganha de tempo com este preceito que, de tão simples, não entendemos por que não o empregamos sempre! Quando não observamos este preceito, o resultado são situações estressantes: temos pressa em utilizar algo, não o encontramos pela desorganização, o estresse nos acomete. Benefícios: redução do tempo de busca do que se deseja; produtividade maior.

O princípio "Seisoh" (senso de limpeza) estabelece que nosso ambiente de trabalho deve ser mantido sempre limpo, higienizado, com um cesto à mão para os descartes necessários, paredes com pintura renovada, ventilado, arejado, sonorizado agradavelmente. Benefícios: ambiente de trabalho agradável; melhor imagem da empresa.

O princípio "Seiketsu" (senso de normalização) defende que nos conservemos mentalmente obedientes às normas e sistemáticas estabelecidas, concentrados no que temos que fazer. Por não aplicar esta regra, desperdiçamos muito de nosso tempo e de nosso trabalho (que precisa ser refeito quando não é desperdiçado completamente). O sociólogo italiano Domenico de Masi chega a acrescentar a necessidade de intervalos generosos de tempo para a reflexão, para o pensamento, até mesmo para o ócio; isto é quando as portas para a criatividade são abertas, para a percepção de coisas que a hiperatividade não permite enxergar (De Masi, 2000a), (De Masi, 2000b). Portanto, é recomendável a quebra de rotina, com pedaços de tempo destinados a coisas não convencionais. Benefícios: prevenção de acidentes; motivação pessoal; melhoria da qualidade de vida.

O principio "Shitsuke" (senso de autodisciplina) traz a necessidade da disposição para o cumprimento de regras, de normas, de rotinas de trabalho, obediência à ética e aos padrões da empresa. Mas não só isto. Este princípio vai além, porque busca o aperfeiçoamento, a melhoria constante. Uma norma estabelecida pode ser mudada, se se comprova que pode ser melhorada. Novas formas de trabalho são bem-vindas. Busca-se a melhoria contínua. Benefícios: obediência a requisitos de qualidade; desenvolvimento pessoal.

Percebo que fazer o simples é o mais difícil de conseguir; quando não dominamos algo suficientemente bem, o caminho que escolhemos é sempre o mais complexo, e que, por isso, precisará de ajustes adiante. Até chegarmos ao simples, que era o nosso alvo. Portanto, chegar ao método simples para fazer algo exige conhecimento, maturidade, aplicação, avaliação, várias tentativas.

Com o tempo, o método "5S" foi ampliado para "8S", incorporando três outros sensos antes não considerados (Albuquerque, 2017).

O princípio "Shikayaro" (senso de equipe) diz respeito ao trabalho em equipe, elemento imprescindível na organização moderna, em que cada participante acrescenta suas habilidades pessoais em favor do trabalho da equipe. Manter motivação, exercício da liderança. Benefícios: melhoria das relações interpessoais; fortalecimento do sentimento de grupo.

O princípio "Shido" (senso de capacitação, de treinamento) refere-se às habilidades que cada membro agrega à equipe após programas de capacitação, habilitando-o a desenvolver o trabalho de que foi incumbido, e garantindo maior empregabilidade. Benefícios: desenvolvimento de talentos; empregabilidade; maior produtividade.

O princípio "Setsuyaki" (senso de economia e de eliminação de desperdícios) está associado ao combate de desperdícios de toda natureza que possam ser encontrados na empresa. Benefícios: redução de desperdícios.

O princípio "Shisei rinri" (senso de princípios morais e éticos) diz respeito ao compromisso com padrões éticos, identificando a conduta correta dos empregados, e restrita obediência à legislação vigente. Benefícios: cumprimento dos padrões de conduta; eliminação da corrupção como prática no ambiente da empresa; conduta ética com clientes e fornecedores.

O princípio "Sekinin Shakai" (senso de responsabilidade social) refere-se ao compromisso da empresa com a sociedade, suas carências, seus problemas. Este princípio, portanto, vai além do pagamento de impostos e tributos, obediência à legislação trabalhista, ambiental. Benefícios: melhora a imagem da empresa; melhora a sociedade em que a empresa está inserida.

INDO UM POUCO ALÉM DO ANÚNCIO

Mensagem na internet de empresa de entrega de refeição avisa que um pedido feito pelo cliente neste dia representa um prato doado para as vítimas da tragédia de Brumadinho/MG. E começa assim: "não temos tempo a perder".

Louvável a iniciativa. Algo a opor? Não é mais um lance de marqueteiro para aproveitar uma oportunidade, e aumentar as vendas em um sábado insosso?

Com o teor da mensagem, o espírito de solidariedade do cliente é despertado, ele compra comovido pelo que leu, a empresa de entrega repassa fração para as vítimas, e tem como resultado o aumento nas vendas, com o benefício adicional ainda de mostrar-se como empresa comprometida com a responsabilidade social.

E se fizessem isso sem recorrer à divulgação da iniciativa? Assim os clientes poderiam não aderir, não haveria aumento nas vendas e, consequentemente, as doações seriam menores.

Uma questão a discutir pelo componente ético envolvido.

É melhor correr o risco de alguém interpretar da forma como fiz acima, mas fazer algo e não ficar acomodado? Não fazer nada a respeito é melhor? Não, respondo logo. Ou procurar uma forma de solidarizar-se, mas sem beneficiar-se com a iniciativa? Se tenho grande lucro com a iniciativa, que solidariedade é esta? Cabe pensar no assunto, por isso o trago para reflexão e discussão.

CARUDO E BUCHUDO[21]

Por ter uma cara desproporcional em relação ao resto do corpo, o marceneiro era conhecido pela vizinhança por Carudo. Assim era chamado pela clientela também.

Uma cliente, equivocando-se com o apelido, e por ter uma barriga protuberante, chega dizendo:

– Seu Buchudo!

Ele a interrompe, bruscamente:

– Minha senhora, me chame de Carudo.

E AGORA?

Com a fixação em alvo específico em sua coluna, jornalista tinha uma página para bater em família fora do governo estadual. A carga era pesada: toda semana havia uma denúncia a fazer contra um ou dois familiares. Não passava sem registro uma ação de membro da

---

[21] Nota extraída de "Páginas Recolhidas", livro que aborda assuntos como Política, Educação, Administração, dentre outros assuntos.

tal família que não tivesse uma face negativa a ser apontada pela coluna. Talvez até quando uma torcidinha nos fatos precisasse ser feita, seja pela omissão de algo que atenuaria a possível leitura negativa, seja pela inclusão de ingrediente inexistente que revertesse a positividade.

Com as reviravoltas na política, o jornal passa agora a não ver mais nada negativo na família. Dessas mudanças equiparáveis ao que foi o primeiro milagre de Cristo, ocorrido nas bodas de Caná da Galileia.

O que era ladrão até outro dia, agora, era político mesmo com certa ilibação. Talvez resultante de pragmatismo do jornal que olha o faturamento antes de qualquer outra coisa, muito menos se estes valores são a coerência e o compromisso de informar a sociedade com fidelidade aos fatos e à verdade.

Que vai acontecer com a tal coluna e com o tal jornalista crítico? Tenho observado que a família saiu da sua mira, e ele até já lhe concedeu elogio acanhado. Vai permanecer nesta linha?

Isto é jornalismo? Presumo que deva haver isenção ao informar. É o que a ética determina. Não é o que se vê. Que se vê? Informar só o que a conveniência determina. Jornalismo que tem um lado, como a política. Então jornalismo não é.

QUANDO VAI PARAR?

Quando os grupos políticos que disputaram o segundo turno da eleição presidencial de 2.018 vão parar de se insultar? Já estamos no fim do primeiro mês do novo governo. É hora de cada um concentrar-se no seu trabalho. O país precisa disso. Tanta coisa por fazer! É necessário trégua. Absolutamente sem sentido os que se opõem ao novo governo ficarem dizendo, a toda hora, "não falei?", ou coisas semelhantes. Da mesma forma, os partidários do governo deem um tempo nos seus elogios; não é necessário, a cada ação, dizer: "Viram como será diferente?". Não há nada a comemorar ainda para nenhum dos lados. Sejamos racionais!

CORREGEDOR PRECISA DE CORREÇÃO?

Na delação, o empreiteiro alega propina para quem mesmo? Para ministro do Superior Tribunal de Justiça, atual corregedor nacional de Justiça do CNJ (Conselho Nacional de Justiça). Resta ver se há provas.

Uma pergunta que cabe fazer (se o delator conseguir juntar provas à sua fala): a quem cabe corriger o corregedor? Outra: chegou a vez da Justiça na Lava Jato?

Nota do autor: fui ao Houaiss para ver que o verbo correger é forma antiga de corrigir. Os administradores da Justiça preferem nomear assim até para não dar ideia de que vai corrigir mesmo alguma coisa. Ou vai?

É óbvio que deve haver alguma instância em que ele seja atingido. É quase impossível que o seja. Observem que fiz questão de pôr quase na frase por acreditar na Justiça. E não é ironia. Ou é?

Conclusão: este país não é para principiantes. Lembremo-nos que a descoberta de uma grande falcatrua não impede que uma ainda maior que esteja em curso (e não descoberta) tenha seu trajeto minimamente interrompido ou sua velocidade de ação reduzida por algum receio dos envolvidos. O medo não existe porque a impunidade é certa. É o que nos mostra com mais de um exemplo a história recente.

MATANDO PASSARINHOS

Enfileirei três notas relacionadas a passarinhos por uma razão. Dar conta de, às vezes, por alguma falta de orientação na infância vir a cometer alguma crueldade, de que, mais adiante, com mais consciência e mais informação, sobrará o arrependimento.

Tempos que já vão longe. Belém ainda dispunha de grandes áreas livres com vegetação nativa. As brincadeiras da infância eram o jogo de peteca, o pião, o futebol jogado na rua de piçarra, o empinar pipa ou papagaio e, o de que me venho redimindo há algum tempo, a disputa de quem conseguia matar mais passarinhos com baladeira. E como esta redenção se dá? Atuando para preservar os passarinhos. Conscientizando para que não haja criação em gaiola. Incentivando para que haja espaço para apreciação da beleza e da cantoria dos pássaros.

OLHANDO PASSARINHOS

Eles chegam sempre muito agitados. Pousam próximo à janela, olham em volta. Avaliam o perigo iminente do lugar. Soltam o canto mavioso, como a comunicar-se com os da sua espécie. E, sendo possível, ciscam aqui e ali.

E, bruscamente, lançam-se num voo rápido para distante.

Já experimentei responder ao canto com um assovio qualquer. Ele olha, incomodado, talvez pela desafinação.

Procura identificar de onde vem o som. Responde mais alto. Com a insistência da resposta desarmoniosa e incompreensível, ele voa rápido para longe, para livrar-se do canto importuno.

CRIANDO PASSARINHOS

Escrevi a nota anterior em 2.009, quando lancei meu livro "Páginas Recolhidas", de que já me reportei.

Considero cruel criar animais presos. Gaiola para passarinhos, nem pensar. A criação citada no título da nota é solta. Coloco banana e mamão na sacada do prédio, e os pássaros vêm comer. Assim os crio.

Ao amanhecer, passei a ser acordado pelos passarinhos, reclamando na sacada por não ter sua comida. Para evitar isso, passei a acordar pouco antes da alvorada, preparo a tigela com as frutas, deixo na sacada e volto para a cama.

Ao longo do dia, reponho duas ou três vezes a tigela.

Como retribuição, tenho a presença dos passarinhos, em vaivém, do alvorecer até o cair da tarde. E também a sujeira que eles deixam no chão e na grade... Recolhida para adubar as plantas do jardim.

DRAMATURGIA E REALIDADE

Não são apenas os consumidores de novelas na tevê aberta que, vez ou outra, confundem ficção com realidade, às vezes, chegando ao ponto de fazer ameaças aos atores que representam os papéis de megeras e de bandidos nas tramas, por meio das redes sociais ou mesmo quando os encontram na rua.

Há esta confusão também entre os próprios atores, tantos são os casos de casamentos desfeitos em decorrência de relações iniciadas nos estúdios de filmagens. O que era para ficar no campo ficcional deixa o fingimento de lado, e caminha aceleradamente para a realidade.

Quando há necessidade de mudança para cidades cenográficas distantes que exijam gravação por longos períodos de tempo de convivência acentua-se a realidade de certas cenas da filmagem. Com as suas consequências inevitáveis.

DOENÇA DE ALZHEIMER

Este assunto passou a me interessar por ter acompanhado nos seus últimos dias familiar que sofria da doença. Minha intenção foi em recolher informações, em especial para ver o que pode ser feito preventivamente. Esta é a razão desta nota: apresentar o que obtive nesta busca.

Muito do que consta do texto foi extraído do livro "Doença de Alzheimer: o guia completo", de Judes Poirier e Serge Gauthier (São Paulo: MG Editores, 2016).

Judes Poirier é professor titular de Medicina e Psiquiatria na Universidade McGill, Montreal, Canadá; é dirigente da unidade de neurologia biomolecular do Douglas Mental Health University Institute, em Montreal. Serge Gauthier é professor titular de Psiquiatria, Neurologia, Neurocirurgia e Medicina na Universidade McGill; é dirigente da unidade de pesquisa em doença de Alzheimer no Centro de Estudos de Envelhecimento da mesma instituição.

Comecemos com a explicação do nome da doença.

Em 03/11/1.906, em um congresso de Psiquiatria, Alois Alzheimer, psiquiatra alemão, apresentou o caso de uma paciente que ele conhecera em 1.901 em Frankfurt, e que havia despertado sua atenção particular por apresentar anomalias estranhas, que não se enquadravam nos padrões estabelecidos até então. Com pouco mais de 50 anos, ela apresentava características similares a pacientes com demência, mas havia incoerências inexplicáveis: períodos de lucidez entremeados com comportamento incoerente e até agressividade, em certos momentos (Poirier & Gauthier, 2016).

Com sua mudança para Munique, Alzheimer não pôde acompanhar o tratamento da paciente.

Em abril de 1.906, ao saber da morte da paciente, Alzheimer solicitou ao hospital o envio do prontuário para estudo; ele pediu também o cérebro para realizar análise microscópica, e aprofundar suas investigações.

A análise encontrou grande atrofia dos lobos cerebrais, perda significativa de células neuronais, placas senis em todo o cérebro, inclusive nos vasos sanguíneos. Estas alterações levaram ao diagnóstico de demência senil, comum em pessoas muito idosas (idem).

A apresentação do caso da paciente por Alzheimer, a despeito de solidamente apoiado em observações clínicas e patológicas, não chamou a atenção da comunidade científica alemã, para sua decepção.

Um ano depois, três pacientes com as mesmas características descritas por Alzheimer foram recebidos no hospital para tratamento. As análises feitas nesses pacientes confirmaram o trabalho relatado por Alzheimer – tratava-se de "doença neurodegenerativa progressiva que danificava tecidos cerebrais" (idem, p. 25).

A partir de 1.910, passou-se a chamar de "doença de Alzheimer" os casos clínicos e patológicos semelhantes ao descrito pelo psiquiatra em 1.906. As características marcantes da doença são a presença de "distúrbios de memória, deterioração progressiva na capacidade de discernimento e problemas comportamentais" (idem, p. 27).

Algumas informações extraídas do livro em tópicos (idem):

1) No início da era cristã, a expectativa de vida não chegava aos 30 anos; até 1.800, houve pequeno aumento da expectativa; a partir daí, a expectativa chegou quase a dobrar.

2) As vacinas, os antibióticos, os cuidados com a higiene e as melhorias na alimentação são os principais responsáveis pelo aumento da expectativa de vida dos dois últimos séculos.

3) Quase dois terços dos pacientes com doença de Alzheimer são mulheres, diferentemente do que acontece com outras doenças crônicas, que afetam mais aos homens (doença cardiovascular, homens com 60%; câncer, homens com 59%; diabetes, homens com 58%). Igualdade só em acidente vascular cerebral (AVC), com 50% a 50% para cada gênero (idem).

4) A doença de Alzheimer faz parte da família das demências, caracterizadas pela perda progressiva da memória e de algumas habilidades intelectuais, comprometendo atividades cotidianas. Ocorre declínio das funções cognitivas, redução da capacidade de trabalho e perda da memória recente, mas o paciente mantém lembrança de eventos de anos atrás. Minutos depois de ter feito uma pergunta, o paciente a refaz, pois não lembra; minutos depois de ter feito uma refeição, o paciente a pede novamente como se não tivesse feito. A capacidade de relacionar-se socialmente é prejudicada, afetando sua personalidade.

5) Para haver diagnóstico de doença de Alzheimer, além da perda de memória de curto prazo, deve ser percebido declínio na linguagem e/ou na capacidade de discernimento e de tomada de decisão. Com a perda da memória de curto prazo, o paciente torna-se repetitivo: refaz perguntas feitas há poucos minutos.

6) As atividades cotidianas são afetadas pela doença de Alzheimer. Por exemplo, o paciente não consegue realizar as seguintes atividades diárias: vestir-se, fazer asseio pessoal, alimentar-se, tomar medicamentos, cuidar das finanças. O paciente fica dependente de ajuda para realizar estas tarefas; perde também a capacidade de controlar a bexiga e o intestino (incontinência urinária e fecal), requerendo o uso de fraudas.

7) A doença de Alzheimer é considerada uma doença crônica, pois, quando diagnosticada, não põe em risco a vida da pessoa no curto prazo, nem constitui emergência médica. Mas evolui para a morte, passando por vários estágios.

A classificação mais usada mundialmente é a Escala de Deterioração Global (*Global Deterioration Scale* – GDS), desenvolvida por Barry Reisberg, constituída de sete estágios.

O Estágio 1 (em que há ausência de sintomas) é o que se aplica a quem envelhece normalmente, entre os quais os propensos a ter a doença de Alzheimer. O risco de ter a doença varia de um indivíduo para o outro, e depende do histórico familiar (herança genética) e do histórico da vida da pessoa (escolaridade, pressão alta, etc.).

O Estágio 2 é caracterizado por "sintomas leves", "sem declínio mensurável em exames neuropsicológicos": lapsos na memória de curto prazo, dificuldade de tomar decisões, mas ainda sem efeito em atividades cotidianas. O Estágio 2 é dificilmente detectado, pois os sintomas são confundidos com "sinais de velhice" da pessoa.

No Estágio 3, os sintomas ainda são leves, e já é possível constatar declínio em exames neuropsicológicos, mas "sem efeito significativo nas atividades cotidianas".

No estágio de demência leve [Estágio 4], o paciente consegue dirigir um carro, se acompanhado.

No estágio de demência moderada [Estágio 5], a pessoa não consegue escolher suas roupas, nem cuidar de suas finanças; perde a capacidade de dirigir. Aparecem sintomas comportamentais como maior irritabilidade.

No estágio de demência grave [Estágio 6], o paciente necessita de que alguém o vista, de que lhe dê banho, e de que o acompanhe permanentemente. As habilidades funcionais ficam mais comprometidas. O paciente fica mais agressivo e agitado na hora do banho e à noite.

No estágio terminal da doença (demência muito grave) [Estágio 7], o paciente não consegue caminhar, ficando restrita à cama e à cadeira de rodas; apresenta dificuldade de engolir alimentos (*idem*). É o estágio de dependência total do paciente.

O período de tempo para evolução da doença de um estágio para o outro depende de pessoa para pessoa.

8) Médicos das seguintes especialidades podem fazer o diagnóstico da doença de Alzheimer: Psiquiatria, Geriatria, Clínica Geral e Neurologia.

9) São fatores de risco para a doença de Alzheimer (*idem*): idade, gênero ("dois terços dos que têm Alzheimer são mulheres" [p. 102]), baixa escolaridade, abuso de álcool, hipertensão, diabetes.

São fatores de proteção contra a doença de Alzheimer (*idem*): mais de 12 anos de escolaridade, quantidade moderada de vinho tinto, atividade física e intelectual, redes sociais (socialização). O esforço da educação continuada por muitos anos exercita o cérebro, garantindo "proteção eficaz contra os efeitos deteriorantes da doença de Alzheimer" (p. 103), por meio da criação de uma rede de conexões neurais que resiste ao envelhecimento normal ou patológico.

Foram feitos estudos rigorosos para confirmar se os seguintes são efetivamente fatores de prevenção da doença de Alzheimer: 1) uso de medicamentos para combater a pressão alta, 2) uso de medicamentos anti-inflamatórios, 3) uso de anti-oxidantes (vitamina C, vitamina E, Ginkgo biloba), 4) fármaco para reduzir o colesterol no sangue (estatinas), 5) terapia hormonal (estrogênio), 6) dieta similar à mediterrânea (ou seja, baixo consumo de carne vermelha, consumo de aves, peixes, azeite, grãos e vegetais).

Os estudos realizados confirmaram que os métodos farmacológicos para retardar ou conter a doença de Alzheimer, citados acima, se mostraram ineficazes.

Que mostraram os estudos em grande escala, em que os resultados podiam ser reproduzidos? A prática de atividade física (moderada) várias vezes por semana comprovou-se eficaz: "desacelera visivelmente a progressão da doença, e chega até a retardar seu aparecimento em indivíduos com risco, mas ainda não afetados" (p. 115). É verdade também que a dieta mediterrânea (baixo consumo de carne vermelha; rica em carne branca e peixes, frutas e vegetais) é fator de proteção contra a doença de Alzheimer.

E mais: combinar a atividade física com a dieta mediterrânea potencializa os resultados, sendo capaz de retardar o aparecimento dos primeiros sintomas da doença.

Outra conclusão dos estudos: hábitos saudáveis que envolvam atividade intelectual têm contribuição "modesta, mas significativa" no combate à progressão da doença nas pessoas acometidas (p. 115).

Em suma, os métodos comportamentais (e não os medicamentosos) apresentaram benefícios mensuráveis. A eficácia aumenta quando esses métodos são combinados.

Ainda não existe cura para a Doença de Alzheimer. As pesquisas caminham em duas frentes: a busca de compreender o que efetivamente causa a doença e a produção de medicamentos para o tratamento. Até aqui o que é estabelecido como objetivo do tratamento é estabilizar os sintomas, garantir progressão mais lenta da doença, de modo que o paciente se mantenha independente de ajuda nas atividades cotidianas por período mais longo, e que tenha aumentada sua sobrevida, com melhoria relativa da qualidade de vida (para as condições), mesmo nos estágios avançados da doença.

A Associação Brasileira de Alzheimer (ABRAz)[22] é uma entidade civil, sem fins lucrativos, que atua em defesa dos direitos do portador da doença de Alzheimer e de seus familiares. Tem como missão a oferta de apoio emocional e com informações aos familiares de pacientes com a doença, a promoção de atividades de estimulação cognitiva e social para pacientes, a divulgação de informações a respeito da doença e a intermediação com promotores de ações que beneficiem pacientes e cuidadores.

---

[22] http://abraz.org.br

PEDRAS PORTUGUESAS

Com a rotina da caminhada matinal, cada vez mais me convenço de duas coisas: as pedras portuguesas, utilizadas em calçadas, são bonitas, pois permitem desenhos artísticos com a combinação de pedra preta e branca. O outro convencimento é quanto à manutenção: muito cara por ser frequente.

Observe o leitor: onde há piso com as tais pedras, há necessidade de reparo. Basta que uma pedra mal fixada se solte para que ocorra o mesmo com as próximas. Em pouco tempo se tem um buraco com perigo de torção do tornozelo do pedestre. Perdi a conta das vezes em que a Prefeitura de Belém precisou repor trechos da calçada da Praça Batista Campos e da Praça da República.

Ora, por que não substituir estas pedras por um piso mais apropriado e que não exija manutenção frequente?

Li em jornal português comentários que repetiam as minhas convicções. Lá como cá o mesmo problema.

O ASSUNTO AINDA É CALÇADA

Para o lado que olhamos há muito por fazer, muito para evoluir. Um exemplo: além de irregulares – não têm a mesma altura – as calçadas são lisas. Quando chove – e como chove nesta terra, graça de Deus – é perigo iminente para o pedestre.

Há quem, atento à beleza, reveste sua calçada com lajota. Quase sempre sobra do revestimento interno da casa. Lisa, a mesma usada em paredes. Molhada, é perigo de queda para o desprevenido.

MIRANTE DO RIO

Na primeira vez que ministrei aula no prédio de aulas no Campus Básico da UFPA, era fim de tarde; caiu chuva forte que molhou completamente o saguão. Com o tênis meio gasto por tanta caminhada, para atingir a escada (sempre dispenso os elevadores), fui com muito cuidado para não cair; era como se estivesse em pista de patinação no gelo.

O projeto arquitetônico é muito bonito, o nome do prédio é muito apropriado pela visão estupenda que proporciona do Rio Guamá, uma alegria sempre renovada para os olhos, mas aponto três melhorias possíveis para maior conforto dos usuários. A superfície lisa do piso do saguão não é adequada, mormente se houver chuva torrencial. As salas de aula são todas devidamente refrigeradas, mas os corredores do quarto andar em tarde ensolarada são calorentos demais pela proximidade da cobertura sem proteção térmica; e não há abertura para valer-se da ventilação natural, já que a refrigeração encareceria o custo do prédio (inclusive de manutenção). Esperar para entrar em uma das salas enquanto ainda está ocupada é duplamente desconfortável: não há onde esperar sentado e o calor é perto do insuportável. Procurei uma sala de espera: não havia.

Em todo caso, há que se reconhecer o avanço em relação às instalações provisórias anteriores que eu associava, em meu livro de crônicas de 2.009 "Páginas Recolhidas", a acampamentos que se constrói para ocupação provisória, enquanto a edificação definitiva está em andamento. Certamente, eu não era a única voz a clamar por melhores instalações, mas sempre fiz questão de perguntar aos candidatos, nas campanhas eleitorais para Reitor, o que pensavam a respeito dos acampamentos utilizados como salas de aula. A provisoriedade foi longa: 42 anos.

A RESPEITO DE POSES

Em cargos gerenciais, somos instados a fazer apreciação a respeito do trabalho de subordinados, já que nos cabem as atribuições de tarefas. Até com alguma frequência erros de avaliação ocorrem. Quando necessário delegar alguma atribuição, por exemplo, avaliação prévia de capacidade do delegado é imprescindível para evitar dissabores futuros. Nem sempre esta é uma decisão fácil para o gerente: que tarefas delegar, a quem delegar?

Outra incumbência do gestor é ouvir, seja subordinado, seja cliente, seja patrocinador, seja fornecedor ou quem mais desejar contato com o ocupante do cargo de gestão.

Aqui chego ao ponto que pretendo comentar na presente nota. Nesta função de ouvidor de que o gerente se incumbe vez por outra, ele vai acumulando informações: elogios, críticas, comentários ou observações fortuitas sobre trabalhos realizados e sobre quem os executou. Algumas destas informações recebidas exigem que ele aja em resposta. Outras dispensam a reação. Pelo menos imediata.

Já me ocorreu de, em função gerencial, tomar determinada decisão e ser questionado a respeito de por que a atitude não foi diferente. Nestes casos, para não ferir susceptibilidades do contestador, o gerente pode dar uma resposta qualquer, esperando que a objeção se esvaia. Mas há casos de insistência do antagonista. Aí, paciência! A possibilidade de melindre fica de lado, e as razões precisam ser expostas cruamente.

Enfrentei situação deste tipo. A pessoa tinha-se em boa conta, como profissional responsável, respeitável, dedicado, probo, o que não correspondia à avaliação que a maioria de clientes e de colegas faziam dele. Para estes, tratava-se apenas de uma pose, de alguém que representava um papel, atento aos detalhes que o preservassem, certo de que conseguia enganar a todos com sua postura de fazer com que o mínimo parecesse o máximo, com que o menor esforço possível aparentasse o contrário. Quem já não conviveu (ou convive) com seres assim?

Pois foi tanta a insistência, a birra com a questão que, incomodado, tive que chamá-lo para reunião e lhe apresentei minhas razões, detalhadamente. Tive que dizer como eu via seu trabalho citando fatos, e o que tinha ouvido de terceiros (casos concretos). Ele se disse surpreso com o que eu afirmara. Respondi que só não tinha agido em seu desfavor porque não tinha recebido nada concretamente, e não poderia valer-me de conversa informal.

Eu informei-lhe que preferia que não fosse assim, mas como ele havia insistido além do tolerável não me restara outra atitude senão apresentar minhas razões, uma a uma. Este rol tinha fundamentado minha decisão, que ele tanto criticara. Encaixei a pergunta para encerrar: sabedor de tudo o que eu dissera, ele ainda reprovava minha decisão? A pose saiu da sala sem me responder. Nunca mais me questionou em nada.

Fiquei imaginando seu comportamento depois desta conversa, sentindo-se talvez agredido por palavras tão duras e inesperadas. Ou então, quem sabe, admitindo: não estou sendo tão convincente quanto imaginava que fosse; estou em perigo.

Quem ainda não conviveu com este personagem – a pose – em seu ambiente de trabalho? O tipo de que falo quando faz algo um pouquinho além do esperado em seu cargo, é ciosíssimo de valorizá-lo em máxima medida. O feito vai ser lembrado por ele por muito tempo.

Outro traço da personalidade do tipo: duríssimo com os demais, crítico, exigente com outrem; consigo mesmo o nível de exigências é diferente; é o oposto, consigo ele chega a ser relaxado. Enseja as perguntas: as regras só valem para os outros? A pose se julga superior aos demais?

Recorrendo a uma metáfora para finalizar: para medir os outros a pose utiliza uma régua enorme (chega até a julgar mais apropriado uma trena de carretel); para si o que utiliza é um paquímetro.

GAIOLA DE OURO

Amigo em visita ao zoológico de Lisboa fotografou uma onça, e postou a foto no Facebook. Olhando a fotografia, notei que a tristeza do animal sobressaia no instantâneo.

    Fiquei com dó do animal preso. Mas os zoológicos são assim: o animal tem o alimento garantido, mas o custo é alto para ele. Pago com o tolhimento de parte de seus instintos, que nunca mais aplicará até morrer. Por exemplo, nunca mais vai viver a necessidade de caçar, a expectativa de encontrar uma presa, espreitá-la, até o momento certo de atacá-la. Dificilmente, vai alimentar-se de sua caça. Vive em uma "gaiola de ouro", mas é uma gaiola.

    Comentei com o amigo o efeito que sua foto me causou, ao que ela me remeteu. Tristeza semelhante à da "gaiola de ouro" vim a sentir, de certa forma, dando aula na cidade onde residiam os trabalhadores de uma mina da Vale. Era exatamente isso: os profissionais da mineradora tinham tudo, mas viviam isolados, restritos aos limitados atrativos da cidadezinha, distantes de seus familiares, loucos para que chegasse a hora de viajar de volta para encontrá-los. A cidade pouco oferecia além do trabalho: um clubezinho para prática esportiva, um cinema, uma pracinha.

    Viviam em sua gaiola, loucos pela hora de abertura da portinhola: a do avião na chegada à cidade onde estavam mulher, filhos, pais, amigos e a variedade de atrativos da vida na cidade grande.

EM TEMPOS DE REFORMA PREVIDENCIÁRIA

Um colega do clube, reformado da Marinha, conseguiu aposentar-se com pouco mais de 45 anos. Perguntei-lhe como tinha conseguido. Ele me contou que o tempo embarcado contava em dobro, e depois ainda emendou com uma série de outros privilégios que garantiram a reserva tão cedo. Perguntei se não tinha interesse em voltar ao trabalho. Sua resposta:

– Nada! Não quero mais nenhum trabalho!

Pareceu-me uma pessoa que sabia explorar as oportunidades com perspicácia. Algum tempo depois, vi que minha impressão estava errada. Ele desapareceu do clube. Por qual motivo? Descobriu-se que ele não tinha título de sócio. Como frequentava o clube? Com a carteira de um irmão falecido. Não havia tanta perspicácia, pois foi descoberto e banido.

GAROTO MIMADO

Neymar pai foi entrevistado na TV Globo em um programa esportivo. O comentarista e ex-jogador Casagrande aproveitou a ocasião para explicar comentário feito durante a Copa da Rússia, em que dizia que Neymar Júnior era "mimado demais", dentre outras afirmações negativas. Em razão disso, naquela ocasião, Neymar pai divulgou nota em que criticava certos comentaristas, ex-jogadores, sem menção ao nome de Casagrande, que não tinham vida exemplar, que não serviam de modelo para ninguém; a intenção era referir a dependência química de que se tinha afastado Casagrande em tratamento difícil.

Explicando-se, Neymar pai disse que achou inadequada a crítica de Casagrande, repetida na televisão. Ele disse que em campo seu filho não é mimado de maneira nenhuma; da mesma forma não é mimado por técnico nenhum nos clubes; durante os treinos, seu filho é um dos atletas mais aplicados, não falta a nenhum jogo. Falou que Neymar Jr tem sua casa, mora só, tem a sua vida, é livre. Como filho, é claro que terá toda a proteção do pai. Esportivamente, não existe esse conceito. Portanto, Casagrande tinha usado uma expressão que não era pertinente. Ele não poderia fazer comentário com ingerência na relação entre pai e filho.

GOVERNO CORRUPTO

Ainda é muito cedo para falar. Um mês e mais vinte dias de administração do governo Bolsonaro. Apesar das tentativas, seguirá sem conseguirem grudar a marca de corrupto nele?

A oposição (representada pelos partidos de esquerda) tem lutado para pregar este rótulo, mas não conseguiu ainda. As crises mencionadas pela imprensa até agora se limitam a acusações que recaem nos filhos do presidente ou no seu partido.

Deduz-se que a esquerda faça a seguinte pergunta, até agora sem resposta favorável: como é possível que ele não seja corrupto?

Com a prisão do ex-presidente Lula por crime comum – corrupção e lavagem de dinheiro – e não por motivos políticos, ficou-lhe esta primazia negativa: o primeiro ex-presidente preso nestas circunstâncias.

O comportamento de Jair Bolsonaro, deputado federal, ao rejeitar depósito feito em sua conta bancária no valor de R$ 200 mil pelo próprio partido, dinheiro proveniente da JBS, demonstra atitude que não é usual no meio político. Ele pediu que o partido cancelasse o depósito feito; o depósito foi refeito com dinheiro do fundo partidário. Executivos da empresa afirmaram que 1.829 políticos de 28 partidos receberam propina só em 2014, chegando a R$ 600 milhões.

Em rede social, li comentário de uma petista, indignada: ela dizia não acreditar que Jair Bolsonaro não seja corrupto. Não é possível, dizia ela. Não entendi sua manifestação. Estava irritada porque não conseguiam provar que Bolsonaro é corrupto, não está envolvido em malversação de dinheiro público. Teria a ver com o fato de todas as lideranças petistas estarem na cadeia ou a caminho? E, por isso, não se pode imaginar que alguém da direita tenha vida limpa? Como se todos os políticos devessem sê-lo, necessariamente.

LÓGICA DURA

Em entrevista (24/02/2.019) ao jornalista Tulio Kruse, de O Estado de S.Paulo, o governador de Goiás, Ronaldo Caiado, não se limita ao jargão dos políticos e à forma de sempre atenuar suas respostas, de modo que um recuo logo adiante possa ser feito por ter contrariado interesses corporativos. Ele adota a dureza dos números da realidade para mostrar que há necessidade de mudança que tire os estados brasileiros do caminho da insolvência e, como reforço de argumentação, faz perguntas duras valendo-se da lógica. A questão que fica é: sendo os números expressão da realidade, como podemos ignorá-los? É preciso que a insolvência e o caos se instalem primeiro para que haja resposta da instância de governo?

Sabe-se que não são apenas três os estados que apresentam contas deficitárias (receita inferior à despesa). Rio Grande do Sul, Rio de Janeiro e Minas Gerais são só os casos mais graves.

Tomo a última pergunta da entrevista como exemplo ilustrativo da postura do governador. Ele defende que os governos estadual e federal se concentrem em questões principais e deixem as acessórias de lado. Ele apontou como relevantes o plano de previdência do Estado brasileiro, o pacto federativo, a reforma política, a reforma tributária. Em vista destes pontos, ele afirmou que o país não se deveria prender em questões acessórias. O jornalista lhe perguntou então se a estabilidade do funcionalismo público era, a seu ver, questão acessória.

A resposta de Caiado, em síntese: a realidade mostra que não há recurso para investimento. O gasto com a folha de pagamento leva 83% da receita do estado. Imaginar que este porcentual pode ir crescer e chegar a 100% significa que é preciso fechar os hospitais, as delegacias de polícia, as escolas. Ele pergunta: saúde, segurança, educação são acessórios? A questão principal é governar para os 160 mil, 180 mil goianos (os funcionários públicos) ou para os 6,8 milhões de goianos que habitam o estado? E conclui: tenho que governar para a população do estado.

Quem pode ser contra estes argumentos? Os números e a lógica esgrimidos não aceitam afronta. Os números, pela sua rigidez, expressam a verdade e a essência. A lógica aristotélica, mesmo aprisionada na bivalência de suas proposições (com valor possível verdadeiro ou falso), não comporta a fuga da realidade. Até mesmo a lógica fuzzy (ou também chamada lógica difusa), ainda que admita múltiplos valores como resultado de uma sentença, assegura que a verdade é uma questão de ponto de vista ou de graduação, mas demonstra que a imprecisão pode ser gerenciada adequadamente a ponto de poder ser compreendida por computadores. Portanto, concluímos que os números e a lógica não podem ser ignorados. Não dá certo.

Ainda assim, há quem resista e siga o caminho da desonestidade. Da desonestidade intelectual.

INSANIDADE GERAL

Deputado do parlamento europeu (salvo engano) lê, claramente contendo-se para não cair na gargalhada, discurso a respeito de petição de partido brasileiro em que a questão é que haja moção em favor do ex-presidente Lula, no momento preso em Curitiba. O deputado lembra frase do ex-presidente dizendo o ser mais honesto do mundo. Todos caem na gargalhada.

Zapeando, paro na tevê da Câmara Federal: discursa uma deputada do PT, Érika Kokay, lembrando ações do maior governante brasileiro desde o tempo das caravelas. Esperei que ela chegasse ao capítulo, extenso, referente aos esquemas de corrupção instituídos como prática governamental. Nenhuma menção ao mensalão, ao petrolão, aos doze milhões de desempregados, à quebradeira de empresas, ao déficit financeiro enorme do governo, ao financiamento das ditaduras africanas e sul-americanas com dinheiro dos brasileiros, desviados do BNDES. Pareceu-me que a deputada não é capaz de ver duas faces na moeda.

Nas manifestações da presidente do PT, Gleisi Hoffman (que José Simão chama de "Crazy" Hoffman – em inglês "crazy" significa louco, louca) me fica a pergunta: esta senhora está biruta ou eu sou o biruta?

A última iniciativa da turma tresloucada é a moção em favor do ex-presidente para que lhe seja concedido, na cadeia, o prêmio Nobel da Paz. O país nunca recebeu tal prêmio, em qualquer modalidade. Vai recebê-la logo para um presidiário, corrupto e lavador de dinheiro? Insanidade geral.

SEM NOÇÃO

Que dizer da juíza da 5ª Vara Criminal de Campinas (SP) que escreveu em sentença que o réu não parece bandido por ter 'pele, olhos e cabelos claros'?

Se ela passou em concurso público significa que o processo não avaliou adequadamente a capacidade de pensar, de refletir, de discernir consequências sobre o que escreve. Essa senhora não relê criticamente o que escreve, para eliminar possíveis descuidos da primeira versão?

É o caso de quem se pode dizer: não é bem juíza de Direito, mas de errado.

A NOVELA DA NOVELA

A Rede Globo de Televisão já teve administração melhor. Aparentemente, a alta administração se perdeu. Há algum tempo aparecem indícios cada vez mais fortes disto. Seja pelas dificuldades financeiras: há quem fale em possibilidade de quebra, necessidade de refinanciamentos. Controle de custos mais rigoroso. Rescisões de contratos mais frequentes por iniciativa da empresa. E até saídas de profissionais – antes não tão frequente – em busca de melhores condições de trabalho em outros lugares. Na dramaturgia, tramas repetitivas, atores mal formados. É verdade que, olhando os outros canais (SBT e Record), as telenovelas chegam a ser piores. É caso para comprovar que esforço nem sempre se traduz em resultado pela tosquidade das encenações.

Cito como exemplo de falha gerencial a decisão de investir na novela "O Sétimo Guardião", de Aguinaldo Silva. Uma parte da sinopse da novela e o primeiro episódio foram desenvolvidos por alunos de um curso ministrado por Silva para formação de autores.

Em razão de problemas judiciais quanto à autoria, a novela foi cancelada em setembro de 2.017. Dois alunos foram à Justiça para que tivessem sua participação nos créditos da autoria. Já era para se esperar que nem todos os quinze participantes do curso aceitariam não ter crédito pela colaboração na produção da obra sem recorrer à Justiça.

Em dezembro de 2.017, a área de dramaturgia da emissora mudou a decisão tomada, retomando o trabalho de produção, mesmo sem desenlace da questão judicial.

A exibição da novela iniciou em 12/11/2018. Três meses depois, o que se tem? O casamento de um dos protagonistas foi encerrado por suposto envolvimento com uma das atrizes principais, ela também casada. Por conta disso, a atriz se indispõe também com o outro vértice do triângulo amoroso, em decorrência de comentários que a mulher desse ator fez nas redes sociais a respeito do fim do casamento de sua amiga. Ambos agora pedem para sair no meio do caminho: um para tentar salvar seu casamento, o outro pelo clima tóxico de trabalho criado, desfavorável para a arte da representação.

A telenovela tem esta característica: começa com uma sinopse, e os episódios vão sendo construídos ao longo da maior parte do período de exibição. Portanto, é uma obra aberta, está em construção até o fim.

A expectativa não é só quanto à forma como a trama vai ter seu desfecho, mas como a novela da novela terá seu desenlace.

Fica reafirmado que o projeto que começa mal provavelmente não terminará bem. Ou a contento.

PROFESSOR AUTOR

A razão por que defendo que o professor seja autor de material didático próprio das disciplinas que ministra é a seguinte: a dificuldade de encontrar obras que contenham exatamente a ordenação que ele julga adequada para dado assunto, seja pelo encadeamento de tópicos, seja pela profundidade com que a abordagem é feita, seja pelos exemplos apresentados, seja pelas lacunas que possam existir como também pela presença de assuntos desnecessários.

Isto chega a ser mais grave quando não há obras de autor nacional, pois é necessário recorrer à tradução de obra estrangeira. Aí, novamente os exemplos não correspondem à nossa realidade, além de haver ainda o problema da fidelidade da tradução, às vezes feita por profissional não credenciado para a área.

Por ministrar a disciplina "Engenharia de Software" por muitos anos, vivenciei a dificuldade da inexistência de livros de autor brasileiro. Recorri então à indicação de uma obra clássica na área, de título igual ao da disciplina: o livro de Roger S. Pressman, publicado pela editora McGraw-Hill.

Além de considerar que havia assuntos sem a profundidade devida, havia outros em que a avaliação era contrária – profundidade excessiva para o nível de graduação. A questão dos exemplos apresentados era outro obstáculo: fora da nossa realidade. Mais: a tradução em muitos trechos era incompreensível para os alunos. Por vezes, eu mesmo recorri à versão original em inglês para dirimir alguma dúvida a respeito de algum trecho da edição brasileira do livro, visto que a tradução era ininteligível.

Além de tudo isso, as primeiras edições começavam com a gestão do desenvolvimento do software, antes de tratar do próprio processo de desenvolvimento do software. Como se fosse adequado didaticamente abordar a gestão da construção de algo sem antes esmiuçar o próprio processo construtivo, com suas técnicas e ferramentas. Algumas edições depois, esta falha foi corrigida pelo autor.

REFERÊNCIAS

ALBUQUERQUE, Daniela. *Programas 5S e 8S: diferenças e aplicações*. 2010. Disponível em www.certificacaoiso.com.br. Acesso em 20/9/2017.

BARKER, Joel Arthur. Vídeo *"A Visão do Futuro"*. São Paulo: Siamar, 2002.

BERMÚDEZ, Ana Carla. *Dez universidades brasileiras deixam ranking das mil melhores; 4 entram*. Disponível em folha.uol.com.br. Acesso em 5/9/2017.

DALMOLIN, Luana. *Como os Amapaenses da OrçaFascio criaram a maior Plataforma de Orçamento de Obras do País*. 26/12/2017. Disponível em: projetodraft.com. Acesso em 05/07/2018.

DE MASI, Domenico. *O Ócio Criativo*. Rio de Janeiro: Sextante, 2000a.

DE MASI, Domenico. *O Futuro do Trabalho: Fadiga e Ócio na Sociedade Pós-industrial*. Rio de Janeiro: José Olympio, 2000b.

FERREIRA, Paulo Weskley de Almeida. *Meta-startup: uma Metodologia para o Desenvolvimento de Startups*. 2017. 127f. Monografia. Orientador: Alfredo Braga Furtado. (Curso de Bacharelado em Sistemas de Informação) – Instituto de Ciências Exatas e Naturais, Universidade Federal do Pará, Belém.

HARARI, Yuval Noah. *Homo Deus: uma Breve História do Amanhã*. São Paulo: Companhia das Letras, 2.016.

HOUAISS, A.; VILLAR, M. S. *Dicionário Houaiss da Língua Portuguesa*. Rio de Janeiro: Objetiva, 2009.

POIRIER, J.; GAUTHIER, S. *Doença de Alzheimer: o Guia Completo*. São Paulo: MG Editores, 2016.

SEMLER, Ricardo. *Você está louco! Uma Vida Administrada de Outra Forma*. Rio de Janeiro: Rocco, 2006. (Administração & Negócios).

UFPA. *Plano de Desenvolvimento Institucional 2016-2025*. Disponível em: https://www.portal.ufpa.br/. Acesso em 02/9/2017.

RELAÇÃO DE OBRAS DO AUTOR
LANÇADOS EM MARÇO/2019

01) 2019: "*Elementos de Didática do Direito*"; ISBN: 978-65-80325-06-1; o livro apresenta elementos de Didática voltados para o desenvolvimento de habilidades e de competências exigidas nas profissões da área do Direito; além da aula expositiva, descreve dezesseis outros métodos ou técnicas de ensino que o professor de disciplina de curso de graduação em Direito pode utilizar;

02) 2019: "*Elementos de Didática de Arquitetura e Urbanismo*"; ISBN: 978-65-80325-07-8; o livro apresenta elementos de Didática voltados para o desenvolvimento de habilidades e de competências exigidas na profissão de arquiteto; além da aula expositiva, descreve dezenove outros métodos ou técnicas de ensino que o professor de disciplina de curso de graduação em Arquitetura e Urbanismo pode utilizar;

03) 2019: "*Elementos de Didática da Administração*"; ISBN: 978-65-80325-00-9; o livro apresenta elementos de Didática voltados para o desenvolvimento de habilidades e de competências exigidas nas profissões da área de Administração (e Administração Pública); além da aula expositiva, descreve dezessete outros métodos ou técnicas de ensino que o professor de disciplina de curso de graduação em Administração (e Administração Pública) pode utilizar;

04) 2019: "*Elementos de Didática das Ciências Contábeis*"; ISBN: 978-65-80325-01-6; o livro apresenta elementos de Didática voltados para o desenvolvimento de habilidades e de competências exigidas nas profissões da área das Ciências Contábeis; além da aula expositiva, descreve dezessete outros métodos ou técnicas de ensino que o professor de disciplina de curso de graduação em Ciências Contábeis pode utilizar;

05) 2019: "*Elementos de Didática da Psicologia*"; ISBN: 978-65-80325-05-4; o livro apresenta elementos de Didática voltados para o desenvolvimento de habilidades e de competências exigidas nas profissões da área da Psicologia; além da aula expositiva, descreve dezessete ou-

tros métodos ou técnicas de ensino que o professor de disciplina de curso de graduação em Psicologia pode utilizar;

06) 2019: "*Elementos de Didática da Pedagogia*"; ISBN: 978-65-80325-04-7; o livro apresenta elementos de Didática voltados para o desenvolvimento de habilidades e de competências exigidas nas profissões da área de Pedagogia; além da aula expositiva, descreve dezessete outros métodos ou técnicas de ensino que o professor de disciplina de curso de graduação em Psicologia pode utilizar;

07) 2019: "*Elementos de Didática da Enfermagem*"; ISBN: 978-65-80325-02-3; o livro apresenta elementos de Didática voltados para o desenvolvimento de habilidades e de competências exigidas nas profissões da área de Enfermagem; além da aula expositiva, descreve dezessete outros métodos ou técnicas de ensino que o professor de disciplina de curso de graduação em Enfermagem pode utilizar;

08) 2019: "*Elementos de Didática da Medicina*"; ISBN: 978-65-80325-03-0; o livro apresenta elementos de Didática voltados para o desenvolvimento de habilidades e de competências exigidas na profissão de médico; além da aula expositiva, descreve dezessete outros métodos ou técnicas de ensino que o professor de disciplina de curso de graduação em Medicina pode utilizar;

09) 2019: "*Crônicas da Política Nossa de Cada Dia*"; ISBN: 978-65-80325-08-5; o livro é uma coletânea de crônicas políticas escritas de 2009 até 2019, extraídas dos livros "Páginas Recolhidas" lançado em 2009, de "Casos e Percepções de um Professor" de 2016, de "Outros Casos e Percepções", "Um Pouco da Minha Vida: Novos Casos e Percepções" de 2018, e de "Crônicas do Limiar de um Novo Ano" de 2019. As crônicas se encontram em sequência, de modo que é possível observar o avanço da história relatada;

10) 2019: "*Crônicas do Limiar de um Novo Ano*"; ISBN: 978-65-80325-10-8; o livro contém crônicas escritas nos dois últimos meses de 2018 e nos dois primeiros de 2019;

11) 2019: "*Saúde e Vida em Crônicas*"; ISBN: 978-65-80325-09-2; o livro é uma coletânea de crônicas a respeito de saúde e de formas e experi-

ência de vida escritas de 2009 até 2019, extraídas dos livros "Páginas Recolhidas" lançado em 2009, de "Casos e Percepções de um Professor" de 2016, de "Outros Casos e Percepções", "Um Pouco da Minha Vida: Novos Casos e Percepções" de 2018, e de "Crônicas do Limiar de um Novo Ano" de 2019.

12) 2019: *"Como Escrever Artigos Científicos, Dissertações e Teses"*, 2ª edição; ISBN. 978-85-913473-7-7; esta edição, ampliada (são quase 100 páginas a mais que a anterior), mostra como estruturar artigo acadêmico (seção a seção), dissertação ou tese, capítulo a capítulo; como evitar plágio; apresenta erros mais comuns de redação cometidos pelos estudantes;

13) 2019: *"Como Escrever Trabalhos de Conclusão de Curso (Graduação)"*, 2ª edição; ISBN: 978-85-913473-7-7; esta edição, ampliada (são quase 100 páginas a mais que a anterior), mostra como estruturar TCC, capítulo a capítulo; como evitar plágio; apresenta erros mais comuns de redação cometidos pelos estudantes;

LANÇADOS EM 2018

14) 2018: *"Elementos de Didática das Engenharias"*; ISBN: 978-85-455122-6-4; o livro apresenta elementos de Didática voltados para o desenvolvimento de habilidades e de competências exigidas nas profissões da área de Engenharia; além da aula expositiva, descreve dezenove outros métodos ou técnicas de ensino que o professor de disciplina de curso de graduação em Engenharia pode utilizar;

15) 2018: *"Elementos de Didática da Química"*; ISBN: 978-85-455122-7-1; o livro apresenta elementos de Didática voltados para o desenvolvimento de habilidades e de competências exigidas nas profissões da área de Química (bacharel e licenciado); além da aula expositiva, descreve dezenove outros métodos ou técnicas de ensino que o professor de Química pode utilizar;

16) 2018: *"Para Quem Gosta de Gerenciar"*; ISBN: 978-85-455122-8-8; o livro contém notas curtas que abordam tópicos de gerência (Habilidades do administrador, Força do capitalismo, Maquiavel e a mudança, Exemplos de persistência, Segredo da mestria, Quando Direito é prio-

ridade, As fases de um projeto, A lei de Parkinson, Princípio de Pareto, Preço do pioneirismo, Como ficar rico?, Conceituando visão de futuro e 113 outras notas);

17) 2018: *"Mais Casos e Percepções de 2018"*; ISBN: 978-85-455122-9-5; o livro é uma continuação do livro "Casos e Percepções de um Professor" (publicado em 2016); contém crônicas escritas no segundo semestre de 2018;

18) 2018: *"Elementos de Didática da Matemática"*; ISBN: 978-85-455122-3-3; o livro apresenta elementos de Didática voltados para o desenvolvimento de habilidades e de competências exigidas nas profissões da área de Matemática (bacharel e licenciado); além da aula expositiva, descreve vinte e um outros métodos ou técnicas de ensino que o professor de Matemática pode utilizar;

19) 2018: *"Elementos de Didática da Física"*; ISBN: 978-85-455122-4-0; o livro apresenta elementos de Didática voltados para o desenvolvimento de habilidades e de competências exigidas nas profissões da área de Física (bacharel e licenciado); além da aula expositiva, descreve dezenove outros métodos ou técnicas de ensino que o professor de Física pode utilizar;

20) 2018: *"Elementos de Didática das Ciências Naturais"*; ISBN: 978-85-455122-5-7; o livro apresenta elementos de Didática voltados para o desenvolvimento de habilidades e de competências exigidas na Licenciatura de Ciências Naturais; além da aula expositiva, descreve dezenove outros métodos ou técnicas de ensino que o professor de matemática pode utilizar;

21) 2018: *"Elementos de Didática da Computação"*; ISBN: 978-85-913473-8-4; o livro apresenta elementos de Didática voltados para o desenvolvimento de habilidades e de competências exigidas nas profissões da área de computação; além da aula expositiva, descreve dezenove outros métodos ou técnicas de ensino que o professor de computação pode utilizar;

22) 2018: "*Para Ensinar Melhor*"; ISBN: 978-85-455122-2-6; o livro contém notas curtas que abordam tópicos de didática, docência superior, experiência didática;

23) 2018: "*Outros Casos e Percepções*"; ISBN: 978-85-455122-0-2; o livro é uma continuação do livro "Casos e Percepções de um Professor", publicado em 2016; contém crônicas escritas em 2017;

24) 2018: "*Um Pouco da Minha Vida: Novos Casos e Percepções*"; ISBN: 978-85-455122-1-9; o livro é uma continuação do livro "Casos e Percepções de um Professor", publicado em 2016; contém crônicas escritas em 2018;

25) 2018: "*Empreender é a Questão*"; ISBN: 978-85-913473-9-1; o livro apresenta elementos para o empreendedorismo, abordando os principais conceitos de interesse de quem pretende empreender.

LIVROS LANÇADOS ENTRE 2017 E 2009:

26) 2017: "*Como Escrever Artigos Científicos, Dissertações e Teses*"; ISBN. 978-85-913473-7-7; o livro mostra como estruturar artigo acadêmico (seção a seção), dissertação ou tese, capítulo a capítulo; como evitar plágio; apresenta erros mais comuns de redação cometidos pelos estudantes;

27) 2017: "*Como Escrever Trabalhos de Conclusão de Curso (Graduação)*"; ISBN: 978-85-913473-7-7; o livro mostra como estruturar TCC, capítulo a capítulo; como evitar plágio; apresenta erros mais comuns de redação cometidos pelos estudantes;

28) 2017: Adilson O. Espírito Santo; Alfredo Braga Furtado; Ednilson Sergio R. Souza (org.). "*Modelagem na Educação Matemática e Científica: Práticas e Análises*". Belém: Açaí, 2017; ISBN: 978-85-6158-108-4; contém artigos produzidos pelos participantes do Grupo de Estudos em Modelagem Matemática (GEMM do PPGECM do IEMCI da UFPA) em 2016;

29) 2016: "*Tópicos de Modelagem Matemática*" (com Manoel J. S. Neto); ISBN: 978-85-913473-4-6; contém tópicos constantes das teses dos autores;

30) 2016: "*Casos e Percepções de um Professor*" (livro de crônicas; contém casos engraçados ou que levam a aprendizagem para a vida; contém percepções do autor); ISBN: 978-85-913473-5-3;

31) 2015: "*Questões de Concursos Públicos para Analistas de Sistemas*"; ISBN: 978-85-913473-2-2; preparatório para concurso público – contém mais de 300 questões de concursos públicos, com respostas e comentários, sobre os assuntos que constam dos programas de concursos para analistas de sistemas (assuntos das questões: engenharia de software, bancos de dados, redes de computadores, etc.); a maior parte das mais de 300 questões que constam do livro foi elaborada por mim mesmo para concursos públicos reais, de cujas bancas elaboradoras participei nos últimos anos; a propósito, com a publicação do livro, decidi não mais participar destas bancas; além das questões próprias, incluí também umas poucas questões do Enade (Exame Nacional de Desempenho) realizado pelo INEP/MEC e do POSCOMP (Sociedade Brasileira de Computação);

32) 2015: "*A Volta da Tartaruga Sapeca*" (livro infantil); ISBN: 978-85-913473-3-9;

33) 2013: "*Curso de Construção de Algoritmos (com Java)*" (com Valmir Vasconcelos); ISBN: 978-85-913473-1-5; todos os algoritmos construídos ao longo do livro são codificados em Java;

34) 2012: "*A Tartaruga Sapeca*" (livro infantil): ISBN: 978-85-913473-0-8;

35) 2010: "*Prática de Análise e Projeto de Sistemas*" (com Júlio Valente da Costa Júnior); ISBN: 978-85-61586-15-7; apresenta, em 496 páginas, conteúdo básico sobre engenharia de software (com UML); no fim de cada capítulo, lista de exercícios (incluindo questões do Enade e do POSCOMP) com respostas.

36) 2009: "*Páginas Recolhidas: Política, Educação, Administração, Artigos, Valores, Crônicas e outros temas*"; ISBN: 978-85-61586-08-9; crônicas sobre vários assuntos são reunidas no livro.

37) 1997: "*Catálogo do Curso de Bacharelado em Ciência da Computação*". Furtado, A. B. & Abelém, A. (org.). Belém: Universitária/UFPA, 1997.

38) 1985: "*Programação Estruturada em COBOL*". Rio de Janeiro: Campus, 1985. ISBN: 85-7001-193-8.

AQUISIÇÃO DE EXEMPLARES DOS LIVROS ACIMA

Exemplares dos livros em formato pdf (com exceção dos livros 15, 37 e 38) podem ser comprados diretamente com o autor: contatos pelo e-mail abf@ufpa.br ou por meio do www.abfurtado.com.br (é preciso informar nome completo e CPF; estes dados constarão do rodapé das páginas do pdf).

www.ingramcontent.com/pod-product-compliance
Lightning Source LLC
Chambersburg PA
CBHW051651040426
42446CB00009B/1087